チャイナ・トリックス

経済大国 中国の深層

高橋五郎
TAKAHASHI, Goro

イースト新書
104

はじめに

中国の農村と都市の家々のかまどの中の灰をつぶさに眺めてきた私の目には、これほどの経済発展をしてきた裏側の仕組み＝深層は何か、という点に興味があった。

人びとの生活の良し悪し、余裕の有り無しは、家庭のかまどの中の灰、言い換えると台所の様子、調理器具や電化製品、冷蔵庫の中身、台所や部屋のごみ箱の中身、居間の様子、干し物を見ると、大体のことは判断できる。

人類学者であり希有なフィールドワーカーだった宮本常一は、小型カメラを片手に日本全国の農山漁村の家々を隈なく歩き、竿《さお》にかけてある干し物の写真を何万枚となく撮り続けた。それを、住民の生活の良し悪しを判断する材料にしたのだった。

中国経済発展を、その裏側にある仕組みを通して見てみようと思ったのは、中国農村を調査する仕事をしながら、さまざまな奇妙な現象に遭うことがあって、その背景を知りたい気持ちが膨らんできたからだ。

奇妙な現象とはたとえば次のようなことである。

国内の消費、投資市場が飽和状態になり、生産調整を始めた製造業もあるくらいなのに固定資産投資はとどまるところを知らない。

一般的なものさしに当てはめればかなり貧しいはずの農家のおじさん、おばさんは一日中賭けトランプやマージャンにおぼれて何もしないのに、普通の生活ができている。

お金はないはずなのに、けっして安くはないクルマを持っている農家がけっこうな数いる。

貧乏なはずなのに、娘や息子を都会の大学に通わせている。

農家楽といわれる農家経営の食堂から街の食堂まで、つぶれた大衆食堂は見たことがない（逆に高級料理店はそうでもない）。

お世辞にも衛生的とはいえない安食堂からホテルの食堂まで、食事はどれもほぼおいしいし、味付けもあまり変わらない。

農村でも都会でもおびただしいほどの質屋、金貸しの店舗がある。

往来で混雑する大きな歩道橋の上に居すわる年老いた物乞いが、使い古したスマホの画面をこちらに向けて、私に無言の催促をしている。

仕事柄、農村に行くと、その農地の土を握るのがくせの私には、中国の農地の土壌はコンクリートのように硬く感じる。

街のあちこちで、携帯電話番号とともに「領収書発行」と書かれた壁や地面の張り紙がこの頃とても目につく。

どう見ても、実力に合わない高金利の金融商品がネットに氾濫している、などなど。

これらの現象には、れっきとした背景があるはずだと思って取り組み始めると、案外、難題だった。いまだに解明できていない現象もある。その過程で、これをトリックとして解いたらどうか、と発想の転換をするとその背景がよく見え出した。

読者がこの本が刺激となって、中国のそして日本についての、何かの新しいトリックや背景に関心を向ける機会になれば幸いである。

トリックとは？

ラストベルト（さびの帯）とワンベルト（一帯一路）に象徴される、老いゆくアメリカ、青年期を迎える中国。これを受け入れようが、受け入れまいが、世界がその方向に進んでいることは否定しようがない。その原動力は、なんといっても、四〇年以上も続く中国の急速な経済成長だ。

その中国を、思い切り斜に構えてトリックという切り口から見ようとするのがこの本の特徴だ。中国にはもう飽きたという人にも、中国について、いままでにない新鮮な思いを再び呼び戻していただけるだろう。

中国大陸には三一の省、自治区、直轄市（北京市、天津市、上海市、重慶市。これらの市には省並みの行政権限がある）がある。私自身、そのほとんどの都市と農村を旅して痛感したのは、この国を理解しようとすれば正攻法では限界があるということだ。

中国には、正攻法では見えないところがあまりにも多い。見えないし、また見ようともしないので、誹謗したり、中傷したりする理由も生まれるのだ。よく見えるようにするための一つの方法は、この本のように、一度斜に構えて別の角度から見てみることだ。

「トリック」の日本語訳には、人を欺《あざむ》くとか謀《はか》るとかいう、あまりいい意味とはいえないニュアンスが含まれている。辞書によっては、騙《だま》すという意味があると記載されているものもある。

この本で取り上げたトリックには、確かに、欺きや謀りごとというニュアンスも含まれているが、はじめから、意識して人を騙そうとするものは取り上げていない。意識的に人を騙そうとするならば、それは単なる詐欺だ。

意識はしていないが、なんとなく社会に許容されており、その行為を通じて、相互に得をし、あるいは損をすることがある、というような性質のものが、この本で取り上げたトリックである。

金銭取引や普通の経済取引に属するトリックには、当事者とはかぎらない第三者が得や損をする場合もあり、それによって、社会的バランスがとれるということもある。

現代中国を動かしている経済の理念は、自分が持っている金銭を自分では価値があると思う何かと交換すること、しかも双方が等価交換だと信じることで成り立っている。等価交換とは、取引が公正であるはずだということの別の表現なのだ。

売ったり買ったりする実際の行為の多くも、当事者が等価交換という公正な取引であることを念頭に置いて行われている。このことは市場経済の社会では当然の合意である。ここには建て前上、人を欺いたり（欺かれたり）、騙したり（騙されたり）するつもりなど毛頭ないという暗黙の合意がある。

トリックは難しくない

もともとトリックは、経済学とは無縁のように見える。経済学は、人間の正直さが背景になってできている社会を前提とするはずだ。だから、トリックはありえないし起こりえない、とみんなが信じている。しかし、経済学の中にも例外的にトリックを受け入れているものもあるようだ。

たとえば、いまではやや古くなったといわれている経済学の学派の一つに、ケインズ経済学と呼ばれるものがある。二〇世紀初頭のイギリスの経済学者、ジョン・メイナード・ケインズという学者が創り上げた、経済学の大本山の一つといってよいものだ。

この本の主題である中国の経済政策に、いまなお大きな影響力を持っているのがケインズ経済学で、この学派は、もともとは資本主義経済を対象にしており、中国のような、社会主義経済を名乗る国を対象としてはいなかった。しかし、中国もだんだんと資本主義経済に似てきているので、いつしか、その対象に含まれるようになった。

この経済学の考え方は、ひとことでいえば、政府が予算を出して公共事業などを行い、気前よくお金をばらまく政策のことだ。そしてそれを通じて、企業の投資や個人の消費を増やし、それにより政府が使った予算を税金で回収するという、理屈のうえではわかりやすい方法だ。

これまで中国も日本も景気が悪くなると、この方法に頼ってきた。もっとも日本の場合は、いまやこの方法はあまり効き目がないが、中国では、いまだに効果的だ。

ケインズ経済学には、おもしろい脇役が付いている。専門家が「ケインズのトリック」と呼ぶものだ。

ケインズ経済学は、ある国の国民所得とは、工場や道路建設などに対する投資総額を貯蓄性向（ある期間の所得のうち消費せずに残った余りを所得で割ったもの。たとえば所得一〇〇、消費八〇、残り二〇とすると二〇÷一〇〇、つまり〇・二が貯蓄性向で、貯金されると考える）で割ったものだという。

たとえば、ある国のある期間の投資総額を四〇〇、貯蓄性向を〇・二とすると、国民所得は二〇〇〇ということになる（四〇〇÷〇・二＝二〇〇〇）。

別の言い方をすると、貯蓄性向の逆数（この場合、〇・二分の一）を投資乗数（政府が一の投資をした場合、最終的に経済全体で何倍の国民所得を生み出すかという数字）とした場合、国民所得とは、これを投資総額に乗じたものだというのだ。この場合、国民所得はやはり二

○○○だ（四○○×○・二分の一）。難しそうな言葉を使ってはいるが、これ自体は別に難しい計算ではない。

この理論では、ある国の国民所得は投資総額と投資乗数、貯蓄性向の大きさによって決まるもので、さまざまな経済活動が、これら特定の活動を数字化したものによって影響されるという。

経済学になじみの薄い読者には、なんのことかちんぷんかんぷんだと思うが、簡単に言ってしまうと、ある国の国民所得は、投資が一定でも、貯蓄が大きいほど増えるという、ただそれだけのことだ。しかし、これを素直に計算すると確かに国民所得は増えるが、実際の経済の中の国民所得も同じように増えるかというと、首をかしげたくなる。この点が「ケインズのトリック」と呼ばれる理由だ。

この例のように、実際の経済行為にも、欺きや不明朗なニュアンスが多少はあるのかもしれないし、最近は、ある程度の欺きならば許されるような雰囲気が生まれている気もする。こんなことを言うと、大学の研究室しか知らない人からは、非難されるかもしれない。

彼らは言うだろう。経済行為を促す背景には商品購買動機（個人）と利潤動機（企業）しかなく、「神の見えざる手」（経済活動を、個人の自己利益追求のための行為に任せておけば、自然に社会全体の利益が達成されるとするアダム・スミスの言葉）はあっても、欺きなどという不届きな意図が介入する余地は微塵《みじん》もない。そこで行われる経済行為は、神聖以外のなにものでもないのだと。こんな簡単なことを知らない私は、さしずめ神をも恐れぬ邪悪なひねくれ者として、非難と軽蔑の対象になるかもしれない。

しかし、私の目には、市場経済が正義にもとづいた社会だというのは、実は建て前であって、本音ではない気がする。正義という建て前がなければ、市場経済社会は存続すらできないと、善良な我われは信じ込んでいるだけなのではないのか？

実際、犯罪とまではいかないものの、特別に意図しない経済的な欺きや、裏切りを見ることもある。それにもかかわらず、あたかも等価交換であるかのように思わせることが市場経済を補強し、皮肉にも経済を活気づかせ、膨張させ、お金の流通を早め、その塊を、特定の人の財布にストンと落としていく力学となっている面も否定できない。

中国の発展とトリック

中国の経済発展の奇跡は人びとを豊かにし、世界経済の成長を牽引し、他方、置いてきぼりの集団を創出する魔法のような展開を繰り広げている。

その世界を観察すると、そこかしこの経済行為の大事なところに、見えないはずのトリックが蝶番《ちょうつがい》のようにがっしりと組み込まれている様子をうかがうことができる。

トリックの程度を測る指標は、いかに当事者自身が気付かないまま取引を終えることができるか。そして、いかに社会全体を大きく見せかけることができるか。さらには当事者が互いに、いかに清く正しいかを示しあうことができるかだ。

たとえば、P39で取り上げる額面一〇万元の記念金貨は、重さが一〇キログラムもあることでトリックの原因を作り出している。経済行為としては、買うほうは最高紙幣一〇〇元札を一〇〇〇枚支払う見返りとして、額面一〇万元の金貨を手にするだけのことだ。

これは、表面的には等価交換であり、金貨を売ったほうの国も、買ったほうの国民にとっても公正な取引そのものである。金貨を使って一〇万元分の買い物ができる点で、一〇〇元札を一〇〇〇枚手にしたのと同じ価値を持つ。

しかし、この一〇万元の記念金貨は純金で、その重さは一〇キログラムもあり、その現在価値は、額面の一〇万元を大きく超える。金貨が額面を超える価値を持つということ、それは、この金貨が生まれながらに、トリックを持っているということにほかならない。

中国のそこかしこに潜伏するトリックは、当たり前と思わせる取引や経済的現象の中に、だれもが直接の被害者とは認識できない、とんでもないカラクリを持っている。

こうした実態にもとづき、この本は、最もそれらしいトリックを二〇個取り出し、その内容を解き明かした。

ただこの本には、これを示すことで、中国経済全体の性格自体をトリッキーなものだとか、異質だとかと規定する材料にするような意図は毛頭ない。この本は、トリックの事例を取り上げ、それを中国経済躍動のテコとして位置付けているにすぎない。それらは中国経済の奇跡をもたらした裏方の一つとして働いたにすぎない。つまり、だれも書かなかったトリックという視点から、中国経済の一断面を見たものが本書なのだ。

これから話すことには、中国にしかないことが多い。平均的日本人にとっては、「中国のやることは……」という、呆れのような言葉が頭に浮かんでくるかもしれない。

しかし、これは中国がある面では日本以上に自由な国であること、逆に日本が自由なようでいて、実は自由な発想と行動をコントロールしすぎる、規律だらけの社会であることへの無意識な反応ではないだろうか。

日本のＧＤＰがなぜ伸びないか？

物価や給与が上がらないためだとか、少子高齢化だからとか、さまざまな理由を挙げる専門家は多いが、それは、的を射た唯一の理由にはならない。

何に対しても自由な発想を許そうとする、寛大な心が乏しいことにこそ最大の理由があるのではないだろうか。

チャイナ・トリックス　経済大国 中国の深層　目次

四　まさかの領収書の売買市場のトリック

七 土地価格市場のトリック

一三　中国の異星人農業のトリック

注　本書内で元を円に換算する際には、最近の為替相場を参考に一元＝一七円で換算し表示した。

一 中国のGDPに隠されたトリック

GDPの本当のウソ

中国の経済発展を示すGDP（国内総生産）を疑う声は、専門家のあいだでもまったくなかったわけではなく、私自身、中国のGDPの数字を疑ったことは一度や二度ではない。

二〇一八年、新年の酔いもさめやらぬ中、二〇一七年の遼寧省の告白に続いて、中国のモンゴル自治区と直轄市である天津市の二つ地方政府が二〇一六年のGDPの計算を実際の数字よりも水増ししていた事実を自ら告白した。

結果として、この三つの地方政府は、二〇一六年のGDPを意図的に増やして発表しており、これらの地方政府が告白した数字によると、それぞれ実質五一一七億元（約八兆七〇〇〇億円）、二九〇〇億元（約四兆九三〇〇億円）、三三四八億元（約五兆六九〇〇億円）も水増ししていたという。この三つのウソを足すと一兆一三六五億元（約一九兆三二〇〇億円）になり、日本のＧＤＰの約四％に匹敵する巨額となる計算だ。
この結果、中国政府によると、二〇一六年の中国全体のＧＤＰ成長率は縮小し、公表していた六・七％はウソで、計算過程は省くが、私の計算によれば実際には五・一％しかなかった勘定になる。

中国政府の発表によると、二〇一七年のＧＤＰは二〇一六年を六・九％上回ったというが、これは二〇一五年に対して、二〇一六年のＧＤＰ成長率が五・一％しかなかったために、見かけ上大きくなったにすぎないのではないか。

こうしたことから、過去にこの三つの地方政府以外でも水増しが行われていたことが疑われるとして、中国の本当のＧＤＰ成長率は公表の半分か、多く見積もっても、三分の一程度だと主張する海外の中国経済専門家もいるくらいだ。三分の一というのは極端だとしても、中国政府の公表するＧＤＰに対する信頼が、大きく揺らいだことは間違いない。

このようなＧＤＰの水増しが起こるウラには、中国特有の事情が存在する。日本のＧＤＰは細かな点を省くと、四半期、一年間ごとに、全国のＧＤＰをまとめて内閣府が計算する。ＧＤＰの計算に算入する数字はときどき変わるが、ここに、数字を意図的に操作する余地も理由もない。

ところが中国では、GDPの計算の仕方自体は全国共通なのだが、実際の計算となると地方政府にお任せで、三一ある省、自治区、直轄市が勝手に行う仕組みだ。それぞれの地方の統計局が数字を拾って計算するのだが、ここに、問題の生まれる余地がある。

GDP計算のもととなる数字は、地方にある家庭、企業、銀行、公共機関などの期間内の投資の内訳、所得、消費、売上、仕入れ、貿易、支払った賃金、利潤、納税などである。家庭、企業、銀行、公共機関は家計簿、貸借対照表や損益計算書、財産目録など、日本と変わらない経理資料を作り、公表すべきは公表する。脱税や、業績をよく見せるための粉飾決算をする企業などもあるが、多くはまじめなほうだ。当局がこれらの素データを吸い上げ、集計して、一定期間内に増加したGDPを推計する。

その報告を受けた地方の政府（日本でいえば都や県の地方自治体）は、それを正確に反映させたGDPを算出すべきなのだが、ここで水増しが起こる場合がある。これが冒頭で紹介した遼寧省やモンゴル自治区、天津市のやり方だ。

共産党員出世の手段としてのGDP

なぜそんなことが起こるのかといえば、GDPの数字が大きいほど、それぞれの地方政府に属する共産党幹部や官僚が出世しやすい土壌があるからである。中国で出世するということは、九〇〇〇万人近くもいる共産党員の中で偉くなるということだ。その最高峰に君臨するのが共産党総書記である。共産党員同士の出世競争は見苦しいほど激しく、地方にいる幹部はより上のクラスの席をねらい、より上にいる幹部はさらに上の席を夢見る。これが指導者の汚職の原因の一つともいわれている。

その出世競争で勝ち上がるための最も手っ取り早い方法が、自分が管轄する地域のＧＤＰをできるだけ大きく見せることなのだ。

あらゆる成果を共産党の成果とみなす政治風土の中で、経済成長をすることは、人民に共産党の成果を見せつける格好の手段となり、共産党の社会的評価を高め、政権を安定させる最良の方法となる。これは、共産党に対する大いなる貢献だ。ＧＤＰを大きく見せたいと思うのが、中国の指導者層の素直な本音というものではないか。

物価上昇率がすべてのカギ

しかし、このような水増しはいくらやったところで、トリックの定義には当てはまらない。実は、地方政府がＧＤＰを巧妙に増やせる方法はもっとほかにある。これは容易に暴露されないトリックだ。

結論からいうと、カギは物価上昇率の決め方にある。広い中国では、物価水準は日本以上に地域差が大きい。しかも地方政府は、独自の物価上昇率を決めることができる特権を握っている。

物価には、卸売物価、製品の工場出荷価格、農産物や魚介類などの生産者出荷価格、そして消費者物価があるが、さらに鉄、石油、石炭、パソコン、スマホ、衣料、コメや野菜、ゲーム料金、美容料金、通信費などの品目ごとの価格がある。

実に細かな実地調査と、それにもとづく推計作業の結果、公表されているのが物価水準だ。中国の物価水準は上がるのが普通で、問題は、それぞれの品目が何％上がったか、それぞれの品目の価格が全体の品目の中でどのくらいの「重み」を持っているかである。

この上がり方や全体に占める「重み」を操作すると、最も大事な実質ＧＤＰの数字が操作できる。ここにＧＤＰのトリックが隠されている。

図1は、仮に名目ＧＤＰを一〇万とした場合の、実質ＧＤＰと物価上昇率の関係を示したものだ。物価上昇率が高ければ高いほど、名目ＧＤＰと実質ＧＤＰの差は大きくなる。

つまり、本当の姿である実質ＧＤＰは名目ＧＤＰより、さらに小さくなることを示してい

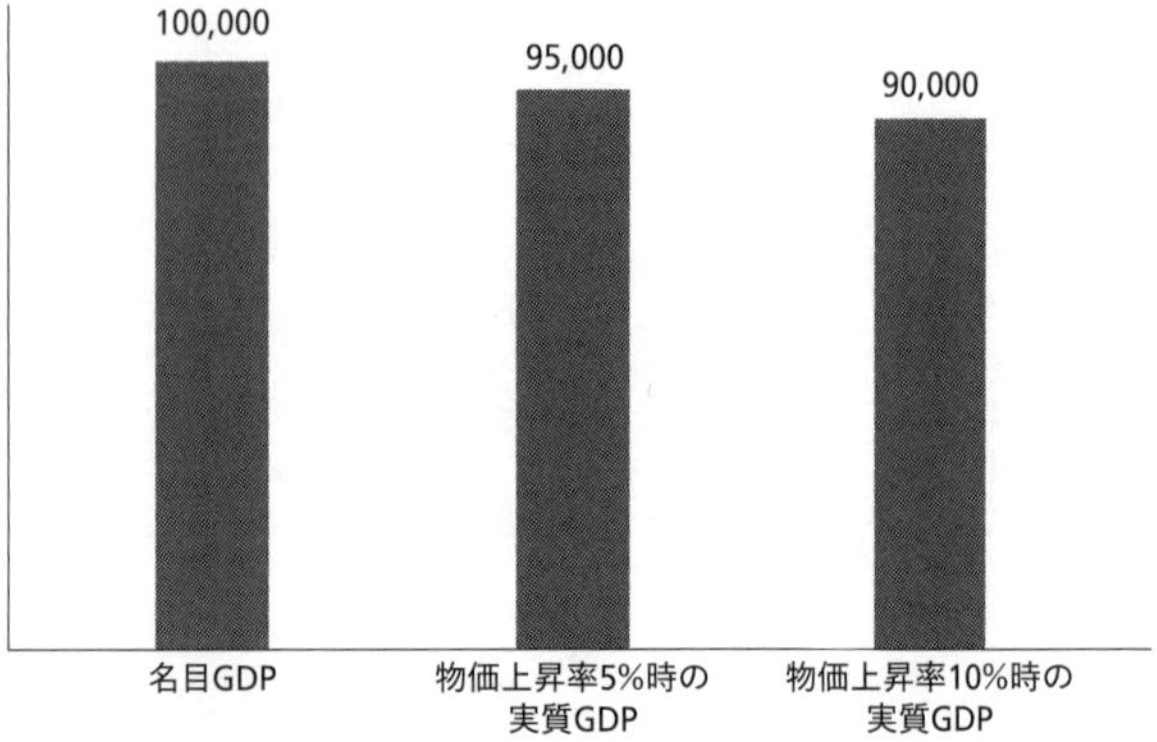

図1　実質GDPと物価上昇率の関係
名目GDP を仮に100,000 として計算した場合の物価上昇率に対する実質GDP。

る。

たとえば、物価上昇率が一〇％の場合、実質ＧＤＰは名目ＧＤＰを一〇％下回り、一〇％より小さな五％の場合は、名目ＧＤＰとの差は五％に縮まる。政府によると、二〇一六年度の中国のＧＤＰの名目と実質の差は一・二％とされており、名目ＧＤＰと実質ＧＤＰの差は小さく、両者の大きさはほとんど変わらない。中国の物価水準はそんな程度の上昇でしかないのか？

操作された数字

庶民の生活に深いかかわりのある二〇一六年の食品価格の上昇率は、政府によると四・六％にもなった。しかし消費者物価全体は二・〇%の上昇にすぎない。これでは中国国民一四億人の胃袋がかかわる食品価格が十分に反映されていない。サービスを除く商品価格上昇率だけの場合は〇・七%だった。政府が採用した物価上昇率がどうして一・二%になったのか理解に苦しむ。実質GDPをカサ上げするためなのではないのか？

中国の消費者がよく言う。「消費者物価が高い。実感は、政府が公表する数字の倍以上、収入が増えても追いつかない。上がらないのは給料だけだ」と。

消費者がこうした実感を持つのには、理由がある。さまざまなデータを見るかぎり、実際の物価上昇率は一・二%どころではなく、中国の消費者物価は、少なく見積もってもその二倍、いや三倍はあろうと推測できるのだ。

全消費額の三五%以上を占める住宅の価格の上昇率が、実態よりも異常に低く見積もられていること、食生活の変化、衣服の高級化など生活スタイルの変化が軽くみられていることなどを現状に合わせるならば、物価上昇率は三%は下らないだろう。

つまり、こういうことだ。物価上昇率を操作して、実際よりも、上昇率を低くすればよいのだ。このトリックによって、実質GDPを大きく見せかけることができる。

名目GDPと実質GDPとではもっと大きな差があるはずなのに、たとえば二〇一六年の場合、名目七四兆四一二七億元（約一二六五兆円）、実質七三兆五一四九億元（約一二五〇兆円）と、名目GDPと実質GDPはほとんど同じだ。

しかし、もし物価上昇率が一・二％ではなく、実態に近い三％だったとすると、実質GDPは公表の数字よりも一・八％分少ない七二兆一八〇三億元（約一二二七兆円）に減るはずだ。

お役人の鉛筆のなめ方次第で、実質GDPは大きく見せることができ、その幅も思いどおりなのだ。物価上昇率を上げると実質GDPは名目GDPよりかなり少なくなり、反対に、上昇率を低めにすると名目GDPに近づく。つまり実質GDPは多くなる。

ここに、庶民にとって大きな関係があるGDPのヤミがあり、それを作り出すトリックがある。

二 一〇キログラムの金貨に隠されたトリック

世界最大の記念「金貨」の秘密

中国では毎年末に重さ一〇キログラム、直径一八センチ、厚さ二センチあまりの純金の記念硬貨が、わずか一八枚ほど発行される。金貨に刻まれた額面は一〇万元（約一七〇万円）。表向きは新春の祝儀として発行されているようだ。

国民の平等をスローガンの一つに置く社会主義国家が、このような金貨を発行していることも驚きだが、これほど高額な記念金貨があることを知っている者は中国、そして世界でも、ほとんどいないというから不思議だ。

ではなぜ私がこの金貨の存在を知っているのかと問われれば、その答えは、私が単なる好奇心の塊のような人間だからだという以外にはない。中国のさまざまなことを調べるのが私の仕事であり、この金貨の存在に気付いたときはさすがにぞっとした。

写真1　中国人民銀行発行の2018年記念金貨（10万元）

毎年の販売数量はたったの一八枚にすぎず、人口一四億人の中国の大部分の人にとっては、空中に舞うチリほどにも見えにくいものだ。

きっと、この大きな金貨には、なにかウラがあるに違いない。そう思って調べてみると、この記念金貨が持つ不思議さはとてつもなく深く、中国という国の本質を余すところなく描いているということがわかった。

論より証拠、写真1を参照願いたい。オリンピックの円盤投げ競技で使う、鉄の円盤を想像していただければよいと思う。重くて大きな円盤だ。直径一八センチの大きさはこの本一ページ分の幅を優に超えるので、縮小する以外にないが、これを見ても、実物がどれほど美しく神々しいことか、容易に想像できるだろう。

この記念金貨と同じ重さである一〇キログラムのものを身近で探すと、ビニール袋に入った一〇キログラムのコメがあることに気付く。最近ではその重さのせいもあるだろうか、手に持つ人の姿を見ることも少なくなった。持とうとすれば、若い女性にはけっこうな負担になる重さだ。

最近の中国での純金一〇キログラムの市場価格は日本円で約四五〇〇万円。しかし、不思議なことに、この記念金貨の額面はたったの一七〇万円でしかない。もし所有できることになれば額面の二六倍強の価値の金の地金を、一瞬にして手にできることになる。魔法の金貨なのだ。

金力、権力がなければ

その重量から言えば、この記念金貨を手に持って歩くことのできる人間は、かなりの力持ちにかぎられる。だが、筋力があるだけでは、中国でこの記念金貨を手にすることは難しい。そこで必要になるのは、筋力ではなく、金力である。しかし金力だけでもまだ十分とは言えない。金力だけなら、いまの中国には日本の何十倍もの金力自慢のお金持ちがいる。

最終的に必要となるのは、筋力でも金力でもない第三の力、おそらく権力という力であろう。中国ではだれもが喉から手が出るほど欲しがる力だ。権力があれば、筋力や金力がなくてもなんとかなる。この純金の記念金貨を手にすることができる可能性がある幸運な人物は、そのような強力な力を持つ、ごくごく一部の人物にかぎられるはずだ。

ここで忘れてならないのは、記念金貨の額面が、その地金の時価よりもはるかに安い額に設定されている点だ。

金貨の購入者は額面の一〇万元を支払えばこの金貨を手に入れることができる。つまり、国家は大損をすることがわかっていてこの取引をするのだから、普通は許されることではない。言ってみれば国有資産の持ち出しに近い。こうしたことが許されるには、なんらかの強い権力の介在なしには不可能なのではないか。

金貨を購入するために支払った価格より、その財が高ければ売って利益を得ることはたやすい。瞬く間に、一枚で約四三三〇万円（純金一〇キログラムの市場価格四五〇〇万円マイナス額面一七〇万円）の利益を得ることになる。

ところが、こんな軽はずみなことをするようでは、この記念金貨を手にする資格はない。また、権力者であれば、もともと大金持ちなのだから、この金貨をあわてて売る必要もない。ではどうするのか？

結論から言えば、ずっと持ち続けるのだ。すると時間がたてばたつほど、金貨の市場価格は高くなっていく。調べてみると、ヘビ年だった二〇一三年の正月に発行された記念金貨の、二〇一七年の金貨市場における時価は、なんと四九八万元（約八五〇〇万円）。わずか四年で、額面一〇万元の約五〇倍にも値上がりしていた。

つまり、投機業者の売買取引のたびに生まれる、記念金貨の新しい市場価格がピークになったときに金貨を売るのだ。そうすることで、二〇一三年発行の金貨の例ならば、四八八万元が儲かる勘定になる。その額、日本円にしてなんと約八三〇〇万円だ。

一〇万元が五〇〇万元に化ける

こうして、最初にその記念金貨を買った人物は、多額の売却益を得るチャンスを手にする。

記念金貨をつぶして一〇キロの金地金にしたときの価格と、記念金貨のままで値上がりを待って売却するのと、どちらが有利かは明白だ。だから、金地金に変えずに、そのままの状態で値上がりを待ったほうがはるかに儲かる。

もっとも、中国には、国家の通貨である人民元を人為的な破壊などから守る「人民元保護法」という法律があり、お金を溶かしたり姿を変えたりすると、厳しく罰せられる。溶かしてしまえば、金貨だったことはだれにもわからないので、この法律は記念金貨には無意味ともいえるのだが……。

政府が高い記念金貨を安く売るこの問題、合法的とはいえ、国家資産の大きな損失であることが明白なのにもかかわらず、なぜ続いているのだろうか？

損して得取れ

それは、権力者を利用して、国家が損をして得をとるためだと想像できる。中国に、日本の漢字風に表すと「食《しょく》損《そん》就《しゅう》是《これ》占《せん》便宜《べんぎ》」ということわざがある。北京大学の学長が卒業式の際の祝辞に述べるくらい、中国では日常的なことわざだ。日本人もよく使う「損して得取れ」という意味だ。

中国の二〇一七年一二月末の外貨準備は世界一、その額、約三兆一四〇〇億ドルだ。その他、金が七六五億ドル分、数量にして五九二四万オンス（一六八〇トン）ある（中国人民銀行による）。金貨はこの一部を使って鋳造したものだと思われる。

ちなみに日本は、同じ時期の外貨準備が約一兆三〇〇〇億ドル。金は六九七トンだ。金準備が最も大きい国はなんといってもアメリカで、約八〇〇〇トンもある。中国は世界で六位くらい、ちなみに日本は九位か一〇位だ。

順位はともかく、中国の中央銀行の金庫には、大量の金が眠っている。金の価格は国際的にほぼ同じであり、いくら中国が金をたくさん持っているからといって、単独で価格操作をすることはできない。

政府による金貨商法

そこで生まれたのが金を記念金貨にして市場価格が上がるのを待ち、差額をふところに入れるというやや姑息なやり方だ。市場価格では、金地金よりも記念金貨のほうがはるかに高く、金貨の市場価格が上がった段階で売れば、その差額は大きな儲けになることは前述した。

しかし同時に、次の点が非常に重要だ。権力がなければ、この記念金貨を手に入れることはできないのだが、その権力者は、その儲けを個人の財布に入れてはいけないということだ。もしもそれをすれば、組織の裏切り者として、この記念金貨を運営している身内から「抹消」されてしまうかもしれない。

儲けた差額は、人民銀行の金庫の中に戻すのだ。こうすることで、金庫に眠っていても大した値上がりが期待できない純金は、大きな値上がり益をともなって、帰巣本能を持つ金の鳳凰《ほうおう》のように、もとの金庫に帰ってくるのだ。

その儲かった分はどうなるのか？　それはだれにもわからない。だれかのボーナスや臨時手当の財源か、はたまた何か別の使い道があるのか。権力者である当事者以外に知る者はいない。

記念硬貨大国

中国は、この大きな円盤のような純金の記念金貨以外にも、多くの種類の記念硬貨を発行する記念硬貨大国だ。二〇一八年一年間だけでも、五六種類の記念硬貨を発行し、その半分が純金の硬貨となる予定だ。

日本には、純金の記念硬貨は非常に少なく、額面一〇万円の昭和天皇在位六〇年記念金貨（二〇グラム）、平成天皇即位記念金貨（三〇グラム）など、希少価値があるものにかぎられ、めったに発行されない。

中国で二〇一八年に発行される金銀の記念硬貨は五五種類、一八三一万八四八六枚、このうち一八枚が例の一〇キログラム記念金貨、六六八枚が一キログラムの純金の記念金貨だ。記念金貨にはその他、一五〇グラム、一〇〇グラム、三〇グラムなどがあり、最軽量は三グラムである。全部で六八〇万八四八六枚の金貨が発行される。ちなみに記念銀貨の発行枚数は二四種類で一一五一万枚。こちらも重量別に八グラム～一キロまでの五種類で構成されている。これとは別に記念銅貨も発行されている。

純金の記念硬貨と、銀銅の記念硬貨には発行する意図に大きな違いがある。しかし、国家が儲けるという一点においては、なにも変わらない。

国家による不等価交換

純金の記念硬貨は損をして発行し、値上がり後、帰還させる方法をとった国家による一種の投機行為であり、トリックを使った収入源である。

一方で、中国が大量に発行する記念硬貨のうち、その多くは銀製、銅製の記念硬貨である。

たとえば二〇〇四年から毎年、ほぼ同じ規模で発行されてきた銅貨は年平均三〜四件、額面が五元から一〇元、額面の発行総額が一〇〇億元（約一七〇〇億円）程度と非常に多い。

この記念銅貨には純金の記念硬貨とはまったく異なるトリックが潜んでいる。

額面一〇元の銅貨を例に説明しよう。中国ではこの通貨の製造原価は一・五元程度だといわれている。つまり国家は一〇元の記念銅貨を一枚出すたびに八・五元、五元の場合三・五元を儲ける勘定になる。

二〇一七年の記念銅貨発行量は額面一〇元が七億五〇〇〇万枚、五元が二億五〇〇〇万枚。だから、中国政府は八七億五〇〇〇万元から一五億元を引いた、七二億五〇〇〇万元（約一二三二億五〇〇〇万円）を儲けることができたことになる。

記念銅貨の額面を大きくすればするほど、儲けも膨らむ仕組みだ。そして、記念硬貨だから、額面を大きくしても反発を買うことはほとんどない。

なぜなら、たとえば記念銅貨を買う人は、一〇元出して一〇元の額面の記念硬貨を手にするのだから等価交換だ。それが一〇〇元でも同じこと、額面分の買い物もできるのだ。

これは記念銀貨でも同じことだ。

ここに、銀銅の記念硬貨をたくさん発行する意図と、これが公正な取引に見えてしまうトリックがある。純金の記念硬貨とは違い、国家は高額の大量の記念銀貨、記念銅貨の発行を利用して、安いものを高く売る不等価交換をして儲けている。これは、国家にのみ与えられたトリックなのである。

こうして得られた儲けは、どこに消えるのだろうか？

三　ネット預金の時差金利トリック

スマホ帝国のウルトラ外貨金利

中国は、農村でも都会でもスマホだらけだ。中国の一〇歳以上七〇歳以下の人口は一〇億三七〇〇万人（二〇一七年）。人びとの様子から察すると、そのうち最低でも七〜八億人がスマホを持っている。

スマホの普及率自体は中国も日本とあまり変わらないが、台数では一〇倍以上の開きがある。中国は、なんといってもスマホ大国だ。人によっては、スマホを二台も三台も持っている。

事情は知らないが、それぞれメーカーが異なり、一台はiPhone、一台は三星《サムソン》、もう一台は中国製の小米《シャオミ》とか華為《ホアウエイ》とかいったぐあいだ。外国人の中にも、中国製スマホを中国で使うために持っている者が増加しているそうだ。私も中国では、上海で一万円ちょっとで買った小米製のスマホを使っている。

それにしても、中国では、なぜこんなにスマホが人気なのか？

答えは、とても簡単だ。持っていないと日常の生活が非常に不便なだけでなく、社会からつまはじきにされる恐れさえあるからだ。つまり、中国ではスマホなしでは生きていけないほどの必需品なのである。日本の場合は、かなり普及しているとはいえ、まだ中国ほどではなく、生きていけないというほどではないが、中国ではまったく違う。

市場のたくましい成長

こうしたスマホの普及状況を反映してか、最近は家にパソコンと家庭電話を持たない中国人が圧倒的に増えている。

宝石からパンツまで、ありとあらゆる買い物も、代金決済も、借金も、微博《ウエイボー》や微信《ウエイシン》といった中国で人気のSNSも、ニュースや研究論文の閲覧も、何から何までスマホで行うというのが、いまの中国人流だ。

二台目のスマホは買っても、パソコンを買う家庭はほとんどなく、家庭内の金銭のやり取りや、買い物までも同じアプリで共有している。

中国がこうなるまでの時間は、本当にあっという間だった。それまではやっていたノキア製の携帯電話がまたたく間に消えさり、かわりに最初はiPhoneが、やがて、それとよく似た中国製のスマホが、洪水のように市場にあふれ出した。

銀行を圧倒するネット金融

さて、ここで取り上げるトリックは、このように、中国で普及したスマホを利用するネット金融についてだ。

中国ではネット金融が社会の隅ずみにまで入り込んで、いまや銀行を追いやるほどの勢いを見せている。銀行を追いやるとはおだやかでないが、スマホの普及によりネット金融が銀行不要の仕組みにまで発展したことが既存の金融システムを大きく揺るがしている。

実は、中国の庶民や農民にとって、これまで銀行とは、預金するだけのところで、どんなに重大な理由があろうとも、お金を貸してくれるところではなかった。ネット金融の爆発的な普及と発展には、そんな背景もあった。

もともとネット金融は、銀行が機能として持っていなかった、ネット通販やネットオークションの代金決済機能からスタートした。

ある商品を売りに出したい個人が、別の個人を買い手として見つけ、商品と代金を交換するシステムを開拓し、多くの庶民の心をつかんだ。

ネット金融のプラットフォームの中心的機能はその取り次ぎと代金決裁の仲介である。これを中国最大のネット通販会社として有名なアリババの子会社や、大手のネット通販会社テンセントの子会社などが、ビジネスモデル化したのだ。

消費者同士を出店者（商品を売り出す個人）と購入者に分け、さらに、彼らを結びつけてモノとおカネの交換を仲介する仕組みのことを、中国では第三者決済と呼んでいる。一般にC2C（Cは消費者＝Consumer、つまり消費者から消費者への売買）といわれるビジネスモデルで、このためのプラットフォームを業者が作り、ユーザー個人が専用のアプリをスマホにインストールすることで、手軽に扱うことができるように進歩させた。

その後、このビジネスモデルは、消費者個人間の代金決済だけでなく、消費者と企業（C2B。BはBusinessのB）との仲介、代金決済機能を持つようになるまでに発展した。

いま中国では、それまで仲介、決済機能だけだったネット通販会社がいつのまにか、銀行のような働きをするまでに成長し、支配的な存在になってきている。多くのスマホユーザーは銀行に見向きもしなくなり、それまで大威張りだった銀行は自ら、潜在的なビジネスチャンスを失うはめに陥った。今後、中国の銀行の氷河期が始まるかもしれない。

罰する日本、伸ばす中国

ネット金融の発展により、利用者はそこに決済用のお金を貯め込み、自分のスマホを使って、モノの購入や支払いをするような仕組みができあがった。さらに、普段使わないお金は口座にプールされ、銀行でもないのに、高い利息が付く預金口座のような役割まで持つようになった。中国の多くの若いユーザーは、これほど便利なものに、過去出会ったことはなかった。

日本では、こうした新しい動きが少しでも起こると、金融庁とか経済産業省とか総務省といった堅いお上が口を出してきて、何々法違反の疑いありとか、詐欺商法だとかを口実に、銀行を守るためにつぶしにかかるのがオチだ。

こうして、日本では、過去新しいビジネスモデルの芽がつまれてきた。本当の詐欺や無法はよくないが、新しい成長型商品の開拓や革新的なビジネスモデルを切り開こうとした罪により、監獄に入った被害者はたくさんいる。中国ではそういうことはない。

中国では、人びとが求めあい、満足し、社会道徳に反しないかぎり、新しい革新的ビジネスの登場としてもてはやされる。ときあたかも中国でいう「創新」(＝イノベーション。革新的なアイディアを持つ新規の事業やビジネス)開拓の時代なのだ。こうして、経済成長の新しいタネが生まれていく。

こういう中国の様子を見ていると、中国と日本、どっちが社会主義国家なのかと疑いたくなってしまう。ルール作りやその浸透が追いつかないという一面もあるにはあるが、総じて中国という国は、政治以外については、日本以上に自由な国なのだ。

私が勤務する大学のゼミに属する学生は上海に実家がある半留学生だ。彼女の父親はネット金融に数百万円分の預金をし、ネット上で見ることができるその通帳を、彼女が私に見せてくれたことがある。

根付く新しい金融システム

こうした変化の結果、これまでその地位にあぐらをかいてきた中国の既存の銀行は危機感を持つようになって、自ら銀行制度を否定するかのように、ネット金融に手を出し始めている。しかし、いまのところはこの市場を開拓したネット金融に一日の長があるようだ。

ますますこの分野は広がりを見せ、最近ではスマホのアプリを通じて、メーカーや農産物生産者と販売業者を仲介するB2B（ビジネスとビジネスを結びつける）の機能を持つまでになってきている。さらには、名前も知らないお金を借りたい個人と、貸したい個人とを仲介し、当事者が直接に金の貸し借りをする、金融ネットワーキング機能まで持つようになった。

高金利商品の氾濫

第三者決済では、日本でも使えるアリババ系の「支付宝」（支付とは、支払うという意味）やテンセント系の「微身支付」などが有名で、前述したように、これらは銀行顔負けの預金機能を持っている。

実際には預けていた資金を運用することで高い預金金利を得られる高金利商品で、中でもアリババ系の「余額宝」、テンセント系の「理財通」が二大サービスサイトだ。

この預金サービスは、日本人にもなじみのある銀行の総合口座に似ているが、一週間程度の運用をすると、預金金利が年率換算で四％以上にもなる。

市場金利よりも有利なので、ますますこうしたスマホ金融にお金が集まり、これまで独

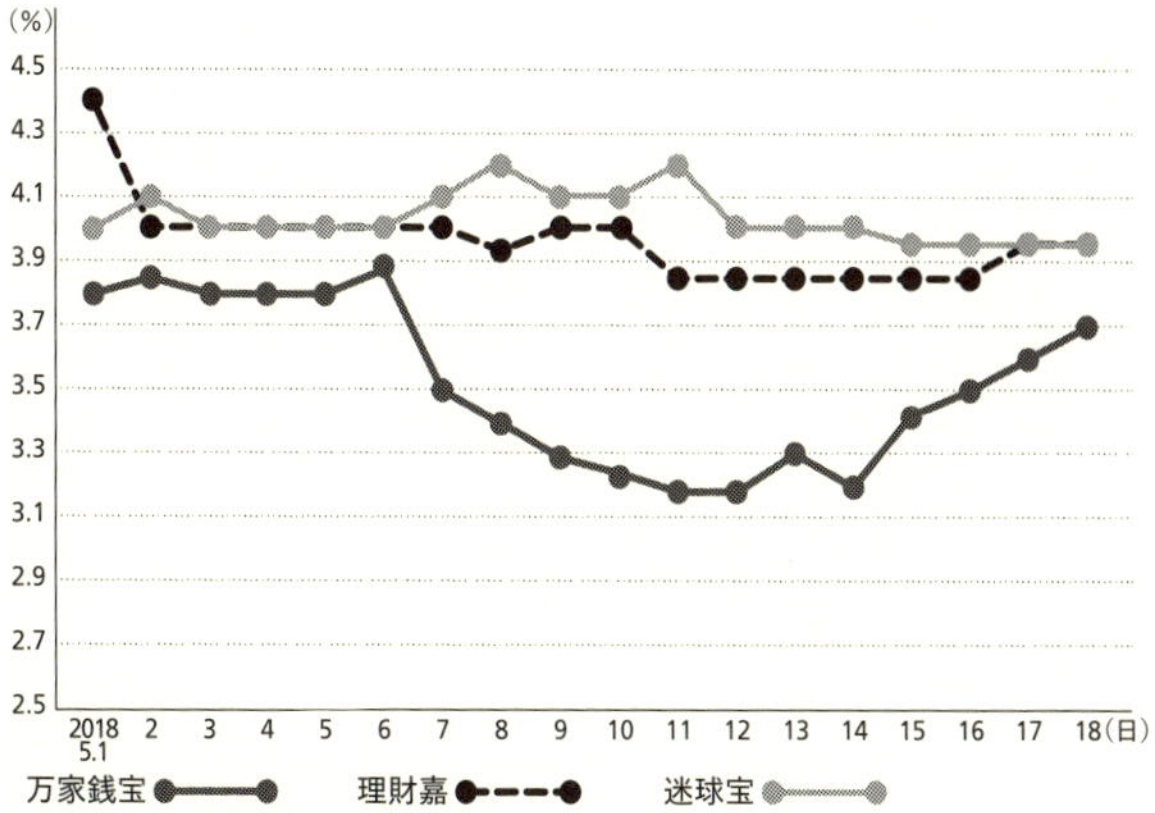

図2　ネット金融の預金金利
各金融業者資料などから筆者作成。

占的な地位を築いていた銀行にとっては大きな脅威となっている。

図2は万家銭宝、理財嘉、迷球宝というネット金融業者の二〇一八年五月の、七日間ものの預金金利の日別の動きをグラフ化したものだ。三社とも、おおむね年利四%内外で推移していることがわかるだろう。

中国人民銀行が定める、一般の銀行の普通預金の現在（二〇一八年六月）の基準金利は、普通預金がわずか〇・三五%、定期預金金利が、三か月一・一%、三年でやっと二・七五%だ。これに対して、ネット業者の金融商品だと、一週間預けで年利四%内外、銀行の一般預金金利に比べると一〇倍以上も有利だ。

これらネット金融商品は、わざわざ店舗に

行かずとも、スマホ画面から手軽に利用できることがウリで、実に多様なネット金融商品が氾濫している。中にはだれだかわからない個人への貸し付けを高利で誘う商品などもある。貸し付けの最低金額は五〇元、一〇〇元、一〇〇〇元とかそれほど高額ではなく、期間は七～四〇日と短い。それでいて、年利は九％とか一二％とか、国の基準金利や常識では考えられないほど高い。

なぜそんな高利を払い続けることができるのか、だれもが不思議に思っているが、そのウラにある真実はこれまで解明されたことがない。

シャドーバンキングのウラとオモテ

高利を払い続けられる理由の一つは、二〇一六年末で預金残高が一〇〇兆元（約一七〇〇兆円）ともいわれる中国特有の巨大なシャドーバンキングがある。

一般の金融機関の預金残高は一七〇兆元（約二八九〇兆円）だから、驚くべきことに、中国の資金量の半分近くはシャドーバンキングが占めていることになる（中国の資産所有ナンバーワンの許家印《きょかいん》が社長を務める中国最大の不動産総合企業、恒大集団の経済研究院による）。

ちなみに、日本の全部の銀行預金残高（二〇一八年五月）は七八六兆円で、中国のシャドーバンキングの半分にも満たない。いかに、その額が大きいものかが想像できるだろう。

シャドーバンキングは、正規の金融制度にしたがってできている金融組織や事業ではなく、影になって、よく見えないウラ社会の金融市場である。バンキングと名がつくから、銀行のようなものといえなくもないが、法的、社会的に認められていない点が普通の銀行とは違う。

ただ、最近の中国では、政府がシャドーバンキングの存在を、なしくずし的に認めるようになってきた。しかし、これは政府自らが作った「不法金融機関と違法金融事業の取締に関する法律」（一九八八年制定）に反することだ。政府に、シャドーバンキングの正式な定義がないことが、そうした法律違反を自ら犯す理由にもなっている。

シャドーバンキングはどの国の社会にも竹の根のようにしっかり根付いており、けっして中国にしかないものではない。

しかし中国のシャドーバンキングには、反社会的な集団の持つ資金のビジネス化とか高利貸しの資金といったヤミの資金ばかりではなく、立派なオモテ社会のお金もかなり流れ込んでいて、そこで儲けようとする資金が大部分を占める。またその一部は、株安や不動産価格の低下が起こりそうなときの、オモテ資金の逃げ道であったりもする。

こうした現象が起こるのは、普通の銀行が庶民のニーズに応じきれていないためであり、シャドーバンキングは、銀行が生み出した、そのニーズにかわりに応じているようなところがある。

シャドーバンキングに群がる善良な消費者

シャドーバンキングの社会的な役割は非常に大きく、日常的に立派なビジネスとして公認されている投資斡旋《あっせん》業者（一種の金融ブローカー）などが暗躍するための血液を送り出す心臓でもある。

シャドーバンキングは大変に儲かるようで、ここへの資金の提供者は山ほどいる。資金の出し手がいれば、その借り手もいるのが金融の世界。シャドーバンキングには、高利でもお金を必要とする大量の人間が群がっている。そこにはおいしい需要がある。

その主な使い道は、中国で盛んな投資ブローカーの資金源や、中国では担保会社などと呼ばれることが多い質屋の金庫として、あるいは住宅ローン、自動車ローンの頭金などだ。中には高利貸しへの返済資金を、シャドーバンキングからさらに高い金利で借りて、返済に充てるなどといったこともあるという。

一般の住宅ローン金利は融資する期間によっても異なるが、五年以上で年率六・五五%が基準金利だ。頭金は二〇%くらいが相場で、北京では、比較的安いクラスの住宅価格が一平方メートル当たり内装抜きで二万元（約三四万円）する。中国では一〇〇平方メートルくらいの物件を買うのが普通で、こうした中国の住宅資金市場は、シャドーバンキングの巨大なマーケットの一つだ。一〇〇平方メートルの物件なら総額二〇〇万元（約三四〇〇万円）。その二〇%、四〇万元を頭金として年利二〇%でシャドーバンキングから借りるのだ。年当たりの利息は、八万元（約一三六万円）にもなる。

住宅ローンは日本と同じように、月賦が普通で、ローン残高は時間がたつと次第に減る。しかし、通常のローンの返済に合わせて、頭金として借りた高利の借金である元金四〇万元と利息八万元も返済しなければならず、大変な負担になる。

金融を動かす三つのグループ

高金利を稼ぎ出すネット金融の世界の謎はこれにとどまらない。

もう一つの巧妙なトリックがある。それは私が打ち出の小槌「時差金利トリック」と呼ぶ隠しわざのことだ。

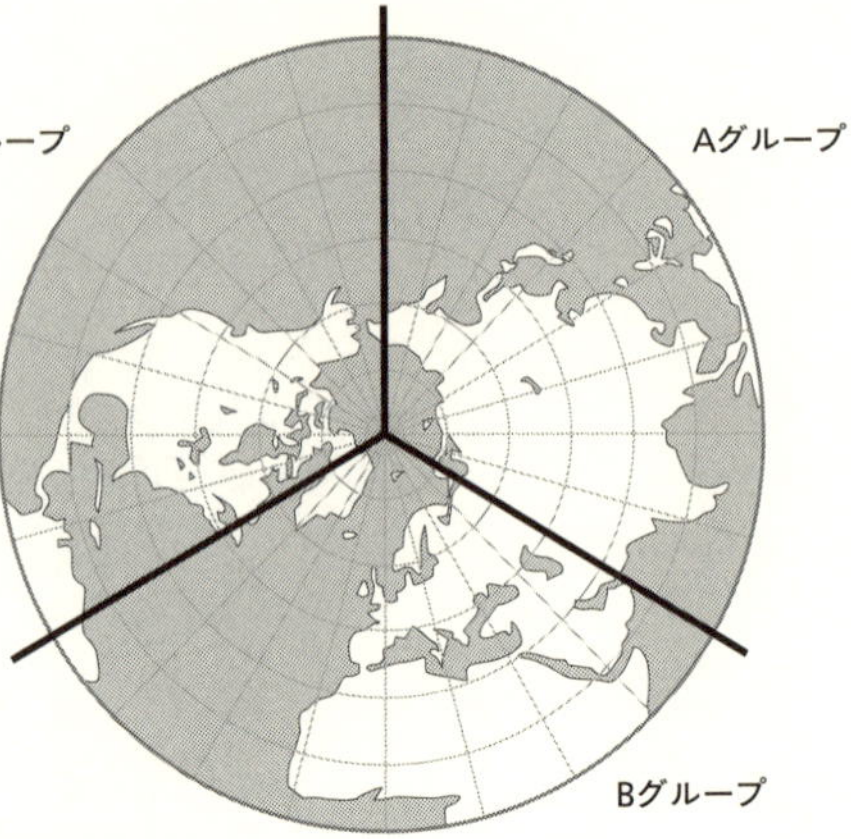

図3　世界3分割地球図

地球は丸く、二四時間で一周することはだれでも知っている。どの国に住むのかにかかわらず、人間の一日の大体の労働時間はおよそ八時間、これは二四時間を三で割った時間だ。

つまり、世界は図3のように、八時間ごとに、うまく三つの時間帯のグループに分かれて、それぞれが国際的な金融市場を作り出している。

二四時間という長さは神様が創ったものだから、地球が丸い以上、変えることはできない。地理的な目で見ると、右上から順に、Aのアジアグループ（日本からアフガニスタンまで）、Bの欧州・アフリカグループ（イランからイギリスまで)、Cの南北アメリカグループ(南北アメリカ)の三つの地域だ。

それぞれは一つか二つずつ、経済活動の中心となる国際金融センターとしての市場を持っている。アジアグループは東京と香港、欧州・アフリカグループはロンドン、南北アメリカグループはニューヨークである。

なぜ三つのグループに国際金融センターがなくてはならないのか?

それは、経済、金融活動のニーズに二四時間応え、世界中で新しいビジネスを生み出す時間帯が途絶えることのないようにするためだ。

このおかげで、東京にいてもロンドンやニューヨークの取引に参加できるから、休むことなく儲けビジネスに従事することができる。その中心が、東京・香港、ロンドン、ニューヨークなのだ。

世界の金融グローバル化が進んできたため、最近は上海やシンガポールも大きな存在感を示している。東京と香港、上海、シンガポールとの時差は一時間しかないから、ビジネスや人の移動がスムーズに流れていく。しかし国際金融センターが、そんなにもいらなくなっていることも時代の流れのようだ。

これら三つのグループは図3の地球の円上を右回転し、二四時間かけてもとの位置に戻る。毎日の金融市場はまずAグループから始まり、Aグループの市場が閉まるとBグループ市場が開き、ここが閉まると一部分は重なるがCグループの市場が開く。大体、こんな調子だ。

この物理的な理由から、人間社会の時間的な秤である時差というものが生まれた。そして、地球を三つに分割する八時間単位の時差が、新しい金融上の利益を生む源泉となり始めたのだ。

三つのグループの地理的な平均時差は八時間である。そして、これら三つのグループに属する個々の国々、たとえば、Aのアジアグループの日本、韓国、中国、シンガポール、マレーシア、インドネシア、フィリピンなどなど。これら一つひとつの国は、それぞれ他国とは異なる経済事情、金融事情、国力などの特徴を持っている。

金利の地域差

その一つに、市場金利や実際のビジネス金利の高低がある。

金利にはさまざまなものがあるが、ここでは短期でも、期間が一週間程度のレポ金利（運用期間が一日から一四日程度の短期金利の指標の一つ）を例に見てみよう。

国名	レポ金利	北京からの時差
南アフリカ	6.75 %	-6:00
香港(再割引)	5.00 %	0:00
インド(デリー)	6.00 %	-2:30
ロシア(モスクワ)	7.75 %	-5:00
トルコ	7.25 %	-5:00
メキシコ	7.26 %	-13:00
上海(銀行間7日もの)	2.80 %	0:00
日本	-0.089	+1:00

表1　レポ高金利国
2018年2月時点。諸市場金利情報から筆者作成。

表1が示すとおり、日本の市場金利はアベノミクスの影響でマイナス金利が導入され、世界最低水準、マイナス〇・〇八九。マイナス金利が日常的になった。

では中国はどうか？

実は、中国の市場金利も日本ほどではないにせよ、やはり毎年低下し続け、短期資金の主要な指標である、上海金融市場の、銀行間の貸し借り金利のうち、七日もののレポ金利でも二・八％にすぎない（二〇一八年二月）。

これに対して、たとえば南アフリカやロシアは六〜七％台で、中国の二〜三倍もの高利を続けている。この金利の高さは、中国のネット金融が運営する第三者決済サイトが、口座利用者（預金者）に高利回りを保証でき

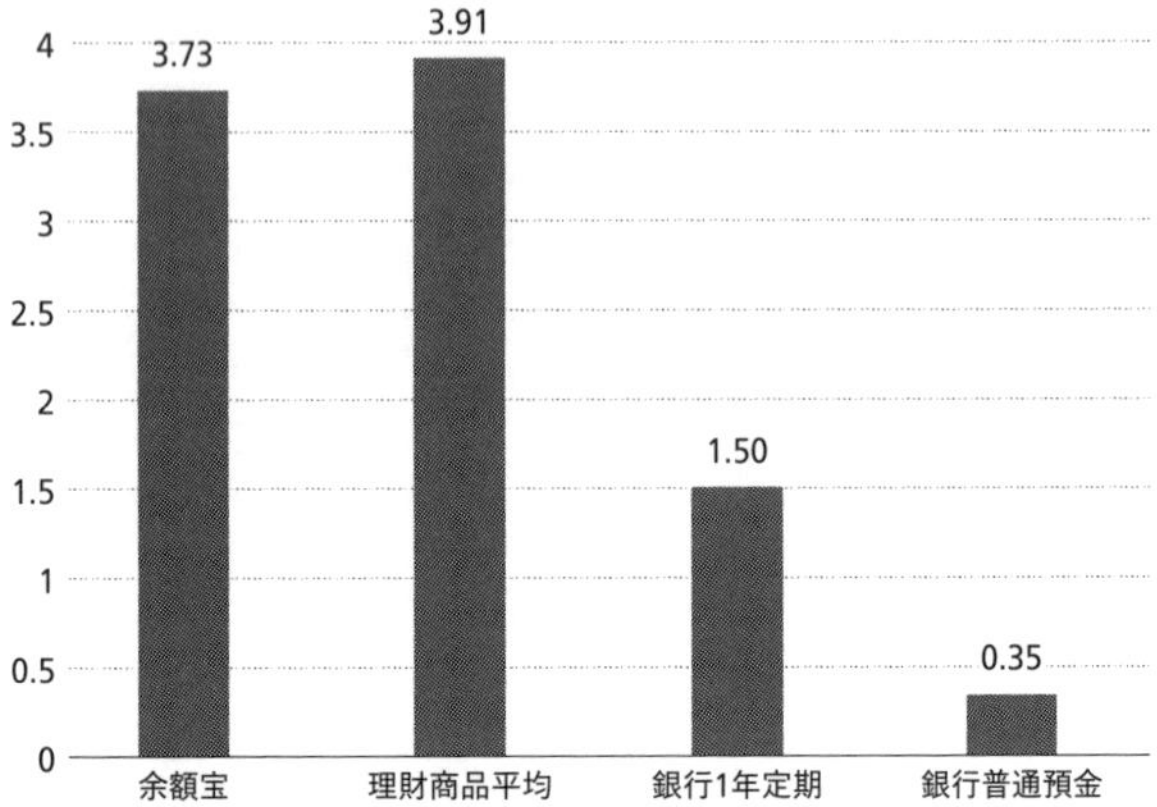

図4　理財商品の金利比較（年利）
2018年7月時点の金利で比較。各種資料より筆者作成。

る可能性を示す根拠の一つとなっている。

　その予想金利は図４のように、年利四％程度と、銀行一年定期預金の三倍程度だが、定期預金は原則として途中解約ができないからさらに有利だ。しかも、高金利理財商品は七日後には元本とともに金利を手にすることができる。

　高金利理財商品とは、資金の運用者向けに、中国の商業銀行や政府が認めた金融機関が独自の判断で設計した高金利利回り商品をいう。名称や運用機関、金利はさまざまだ。法律ではアリババ系の余額宝のような第三者決済口座がこのような金融商品を販売することは禁止されている。しかし、現実的には、当局の手には負えないほど広がっている。

金利水準	中国2.8%	南ア6.75%	トルコ7.25%	メキシコ7.26%	モスクワ7.75%
中国との時差	−	-6時間	-5時間	-14時間	-5時間
2017年12月1日 9:00	−	2018年12月1日 3:00	2017年12月1日 4:00	2017年11月30日 20:00	2017年12月1日 4:00
0:00	−	18:00	19:00	11:00	19:00
9:00	−	3:00	4:00	20:00	4:00
10:00	−	4:00	5:00	21:00	5:00
11:00	−	5:00	6:00	22:00	6:00
12:00	−	6:00	7:00	23:00	7:00
13:00	−	7:00	8:00	0:00	8:00
14:00	−	8:00	9:00	1:00	9:00
15:00	−	9:00	10:00	2:00	10:00
16:00	−	10:00	11:00	3:00	11:00
17:00	−	11:00	12:00	4:00	12:00

表2　中国との時差と金利水準
各国金融資料などから筆者作成。

では、これをどう利用するのか？

時差が生み出す金利のカラクリ

たとえば、表2のように中国の第三者決済利用者が二〇一七年一二月一日午前九時に、七日間刻みの投資を開始したとする。このとき、世界トップクラスの高金利国であるロシア（モスクワ）は同日午前四時、営業窓口が開くまで、まだ五時間ある。

そこで中国のサイトは、表2の各国との時差を利用して、まず①午前九時から通常金利よりは高い自国の金利二・八％の短期金融商品に、モスクワが午前九時になるまで五時間特約投資する。そして午前九時の営業開始と同時に解約し、②ロシアの高金利商品に投資先を切り替える。以後、七日間投資を継続し、中国の金利より四・九五％も有利な年利七・七五％の金融商品に投資を継続する。

最初に投資を行ってから、中国時間八日目の一二月八日午前九時のモスクワ時間は一二月八日午前四時。モスクワでの投資期間は一二月一日午前九時から八日午前四時までの一六三時間となる。

投資を始めてから八日目の中国時間一二月八日午前九時に、サイトは顧客に対して、前述の①の五時間分と②一六三時間分を合わせた金利を支払うのだ。

すると、顧客の投資元本がたとえば一〇〇〇〇元とすれば、①の〇・〇一六元と②の一・四四二二元、合計一・四五八元の金利を支払う。七日間を中国の短期金融商品に投資した場合の金利〇・五三七〇元より〇・九二一元つまり二倍近く高い金利となる。

実際は一〇〇〇〇元（約一万七〇〇〇〇円）を短期運用する投資家はいないと思われるから、この方法を使うと、投資金額が多ければ多いほど、顧客は、七日間で多額の金利を稼ぐことができる。

しかしこの例のように、個別の注文を一件一件、中国での投資と海外での投資を時間単位で行うことはやや現実的でない。

そこで、最初に投資を受け入れたサイトは、あらかじめ多額の投資を一週間単位に区切って、高金利国での投資開始、投資終了のサイクルで更新しておき、金利の支払いを、サイトの内部の帳簿上の処理によって、この例のような①と②を足して七日間になるように操作して効率的かつ有利な仕事をするのだ。

問題は人民元為替相場の変動リスクである。為替相場は人民元だけでなく、相手の国の通貨の相場も見なければならない。現在、人民元は国際化を進めているが、まだ日本の円やドルのような完全な変動相場制に達していない。

完全な変動相場制とは、時々刻々、自分の国の通貨だけでなく相手の国の通貨の為替相場の変動が影響しあって動くことをいう。たとえば、円は日本経済の状況や、アメリカ経済の動きなどから毎日、毎分、毎秒変化する。一分前は一ドル一〇八円四五銭、いまは一ドル一〇七円五〇銭とかいったぐあいだ。

日本の円の比較の対象になっているドルは世界的な通貨なので、どの国も一ドル＝一二〇〇ウォン（韓国）、一ドル＝六・五元（中国）、一ドル＝三二バーツ（タイ）などとするが、このように世界の通貨の基準となるドルを基軸通貨と呼んでいる。

この中で、完全な変動相場制を用いている国は日本、韓国、タイだが、中国の元はアメリカドル、ユーロ、日本円、香港ドル、英ポンド、オーストラリアドル、カナダドル、ニュージーランドドル、シンガポールドル、スイスフラン、マレーシアリンギット、ロシアルーブル、タイバーツなど計二四か国の為替レートを織り交ぜたバスケット方式といわれるもので、日本や韓国、タイなどのように基準値にドルだけを対象にするものとは違う。

　具体的には、円やウォン、バーツなどは為替市場で自然に決まるのに対し、人民元の為替相場の場合は、これらの通貨の基準値を平均したレートを採用する。ただし、まったく自由な決まり方に任せるのではなく、円が一日の中で時間に応じて変化するのに対し、人民元は一日に一回の相場で固定し、そのドルに対する変動幅は前日の基準値の上下二％以内、ユーロ、日本円、香港ドル、英ポンド、オーストラリアドル、カナダドル、ニュージーランドドル、シンガポールドルは上下三％以内、マレーシアリンギット、ロシアルーブルは上下五％以内としている。その他の通貨の場合は、別の決め方によっている。

　海外の時差金利を利用する場合、変動幅の狭い人民元相場の変動が収益におよぼす影響も考慮することが重要だ。前提は、中国人民元を相手国の通貨に交換したあと、現地で運用することとした場合だ。

　この場合には多少複雑な行動がとられることが一般的だ。元の立場を日本円に置き換えても仕組みは変わらない。最も得をするのは、自分の国の通貨が交換する相手国の通貨よりも高いときに相手の通貨を買って（元を相手国通貨に交換）、自分の国の通貨が安くなったときに売る（交換して持っている相手国の通貨を売って元を買う）と得をする。

これは、外貨投資として一般的にとられている方法だが、時差金利トリックを使う際にも通用する基本的なルールだ。簡単に説明すると以下のようになる。

便宜的に、元のマークをC¥、相手国、たとえばロシアの通貨であるルーブルのマークをPとする。

一C¥＝一〇〇Pのときと一C¥＝五〇Pの場合を比較すると、一C¥＝一〇〇Pのときのほうが元高の状態にある。というのは、元を相手国通貨に換えると一元で一〇〇ルーブルを手にすることができる（手数料や税金を無視した場合）。一方、一C¥＝五〇Pのときは一元で五〇ルーブルしか手にできない。この二つを比較すると、前者が元高、後者が元安。

だから、さきほど述べたように、元が高いときにルーブルを買って、安くなったら売るのがよい。元が安くなったとき、つまり一C¥＝五〇Pとなったとき、手元にある相手国通貨一〇〇ルーブルは二元の価値になっているので、つまり元高のときの一元は、元安のときには二元となる。

現在、人民元の相場は各国の通貨に対して高くなる一方、高金利国の通貨が安くなる傾向にある。元が高いときに買って得た運用益収入を人民元に換算すると損をする。実際の為替の動きは元高が続いているので、利益を抑える傾向にあることも事実だ。

しかし、ロシアや南アフリカ、トルコなどの国々では、中国よりもはるかに高い金利水準にあるので時差金利トリックが効果的なことに変わりはない。

実際の取引をするに当たっては損失を抑えたり、利益を増やしたり、さまざまなオプションが付くので複雑だが、基本的には以上のようなことだ。

四 まさかの領収書の売買市場のトリック

接待市場の必需品

中国の接待市場は、その全体を測りようもないほど巨大だ。近所付き合いから商談まで、酒宴なしでは何事も始まらず、酒宴なしでは何事も終わらない。

こうした宴会風土を反映してか、制度上、中国の企業が負担した飲食代などの接待費は所得税法の定めから、六〇％が費用として控除され、課税対象は接待費の四〇％となっている。

ただし、所得税法上の特典の適用を受ける接待費には上限があり、売上の五％以下でなければならない。企業の接待費は莫大であり、この制限をやぶってしまうと、所得税法上の特典はなくなり、もし隠したりすれば処罰の対象になる。

日本や欧米の場合は、好きなだけ飲み食いしてもよいが、それを税務署が費用として認めるかどうかは別問題だ。日本の税制では損金不算入の規定にしたがって、費用に認めてもらえれば所得課税はその分だけ減るが、そうでない場合は、会社の利益自体が減る。

中国の場合、行き過ぎた接待が批判を受けるようになり、課税も厳しくなってきたそうだ。そんな事情もあり、とくに最近は、昔ならあまり役に立たなかった飲食接待の支払いでもらった領収書が、貴重品として取引の対象になっているという。

確かに、私のメール受信フォルダーには、ほぼ毎日、中国発の領収書の売りこみメールが届くようになった。メールのあて先はだれでもよさそうで、内容はいたって短い。

ほとんどの場合、発信元は個人名だが、偽名だろう。

「全業種の領収書発行……、消費税付き領収書発行……、全国増値税付き領収書発行……」といった言葉が躍っている。

スマホ決済が領収書を排除

中国で正規の領収書が持つ意味はさまざまだが、とくに増値税（財やサービスの取引の結果生まれる付加価値にかかる税。財やサービスの種類によって、税率に六〜一一％の幅がある。消費税とは異なる。二〇一七年税制）という税金を納めた証拠でもあり、手にした者にとっては大変に重要な意味がある。

いまの中国では、スマホ金融の発達で、かなりの額の飲食代であってもスマホで支払うことが多く、現金払いならばその場でもらえるはずの領収書が、スマホ決済の場合、正式なスタイルの領収書をもらえない。

スマホ金融の決済は、第三者を通じてその場で完結するので、それ自体が領収書にかわる支払証明の意味もあり、いちいち領収書を発行しないし、その必要がなくなったのだ。

私が中国の農村へ調査や見学に行くとき、宿泊先から、しばしば一日分のクルマを借り上げることがある。そういったときは、たとえば走行距離二〇〇キロ以内、借り上げ時間八時間以内、といったことを互いに合意しておく。

往復の途中では、運転手に昼飯を提供し、一緒に食べ（中国の習慣は雇用した運転手も、一緒のテーブルで食べることが多い）、夕刻に宿に帰ると、すぐに精算するのが一般的だ。

その際に支払う代金は、請求に応じて、現地に住む私の同行者がスマホで支払い、その分を私が同行者に精算する。普通はこれで終わりだ。しかし問題は領収書だ。

こちらも事務処理の都合があるので支払ったチャーター料金の正式な領収書を頼むのだが、すんなりとはいかない。日本では考えられないことが起きてしまう。

運転手がタクシーの個人経営者の場合は比較的スムーズにいくのだが、スマホのアプリを通じて配車をする会社に雇われた運転手の場合、代金を受け取るのは彼ではなく、会社となる。彼が受け取る代金は現金ではなく、スマホを通じて決済する仕組みなので、彼名義のスマホ金融の口座でも、銀行口座でもなく、最終の受取口座は、彼を雇っている会社のスマホ金融の口座になる。

そのために、運転手には、領収書を発行する義務や資格がない。これが日本だとなんとかなるが、中国では自分の財布に無関係なものには仮の領収書も出さない。

しかし、こちらは外国人、中国にはめったに来ない。しかもどんな場合であろうとも、支払ったお金について、領収書をもらわないといけない決まりがあるので、なんとか頼み込むことに徹した。するとやっと、手書きで、会社名の入った領収書を渡してくれる。

ところが、ある出張調査から帰国してその領収書を大学の事務へ渡してから数日後、事務担当者から、出張した日付と領収書記載の日付が違っているがなぜか、という思いもよらない問い合わせがあった。

帰国後に、日付の修正を頼むなんてことができるはずがない。仕方なく、現地に住む同行してくれた中国人の知人にお願いして、正しい日付の証明をしてもらうことになった。

日付を間違えた運転手になんらかの意図があったのかどうか、いまになってはやぶの中だ。

これで、一応事務処理は終了したのだが、ついぞ、正確な日付を記載した領収書を取り寄せることはできなかった。スマホタクシー会社は、これで領収書一枚発行せずに済んだし、それを別の使いみちへ流用できる余裕も手に入れた。

接待抑制の領収書市場効果

中国では、政府関係者や国営、私営企業を問わず、賓客、並客の接待費用のためにホテルやレストランで発給される領収書が、陰の市場で取引、流通しており、小切手のような貴重品として扱われるようになった。

たとえば私が現地で体験した、中国のホテル内の高級カラオケ店でのことだ。

日本文化の最高傑作のひとつのカラオケ。中国語では当て字で卡拉ＯＫと書き、発音もほぼそのままだ。最近は、中国の都市部の大衆カラオケ店の人気はやや下火だが、それでもどんなに小さな街へ行っても、夜ともなると、何事かと思わせるような色のネオンサインで客の目を引いている。

特に高級店には中国でもハイクラスの、多彩な経歴を持った根強いファンが多く、中国の中間層、高所得層には欠かせない社交場であり接待場となっている。

そうした店では、日本ならばミスユニバース候補間違いなしの超美人コンパニオンが短いスカートから長い足を出して、背の高い順に横一列となって、お客の指名をおねだりして笑顔を振りまく。その光景は、日本とは大ちがいだ。もっとも指名したからといって、何かが起こるわけではない。ただ、客のそばに腰かけて、愛想笑いや取り留めもない話を交わすだけのことだ。

それにしても料金が高い。コンパニオンは座っただけで五〇〇元（約八五〇〇円）、そのうえに、やたらと高級果物やジュースをねだる。あまりアルコール類は好まない。こちらは接待される側、値段が高かろうが財布が痛むわけではないが。

勘定の時間になって、私の接待者は日本人だったのでスマホを持っておらず、支払いは現金だった。そこで店側が驚きの行動をとった。手渡した領収書を売ってくれというのだ。しかし、私の接待者の支払いも自腹ではなく、あとで会社に精算を願う身に違いなく、その申し出はお断りしたのだった。

二〇一三年に習近平が第一次政権の座についてすぐに発令された節約令以来、ちまたでは派手な飲食を隠そうとする風潮が一気に高まった。そのあおりで、倒産する罪のない飲食業が多発したのだった。そして、企業が飲み食いを隠し始めたことが、新たに領収書の流通市場を生んだ。

重みを増す領収書売買市場

この領収書の流通市場に参加するプレーヤーは、飲食したお客、飲食提供業者、ブローカー、飲食に関係のない一般企業や個人、そして税務署だ。そしてプレーヤーそれぞれが、それなりの利益を得る仕組みになっている。

なんとなくウラ社会の臭いが漂うものの、オモテ社会の経済全体の目から見ると、領収書の流通市場から領収書を入手した企業や個人は、帳簿上の名目の費用が増加し、言い換えると入手した領収書がウラガネ作りを手伝うことになる。これにより自由に使える現金が増加し、わずかながら消費の増加という効果をもたらす。

また、事業をする企業や個人にとっては費用が増えるから、帳簿上の所得が減り、所得税が安くなる効果をもたらすのである。中国の企業数は一八〇〇万社以上もあり、結果として領収書市場（中には印刷されたニセ物も流通している）はとても大きな市場になった。

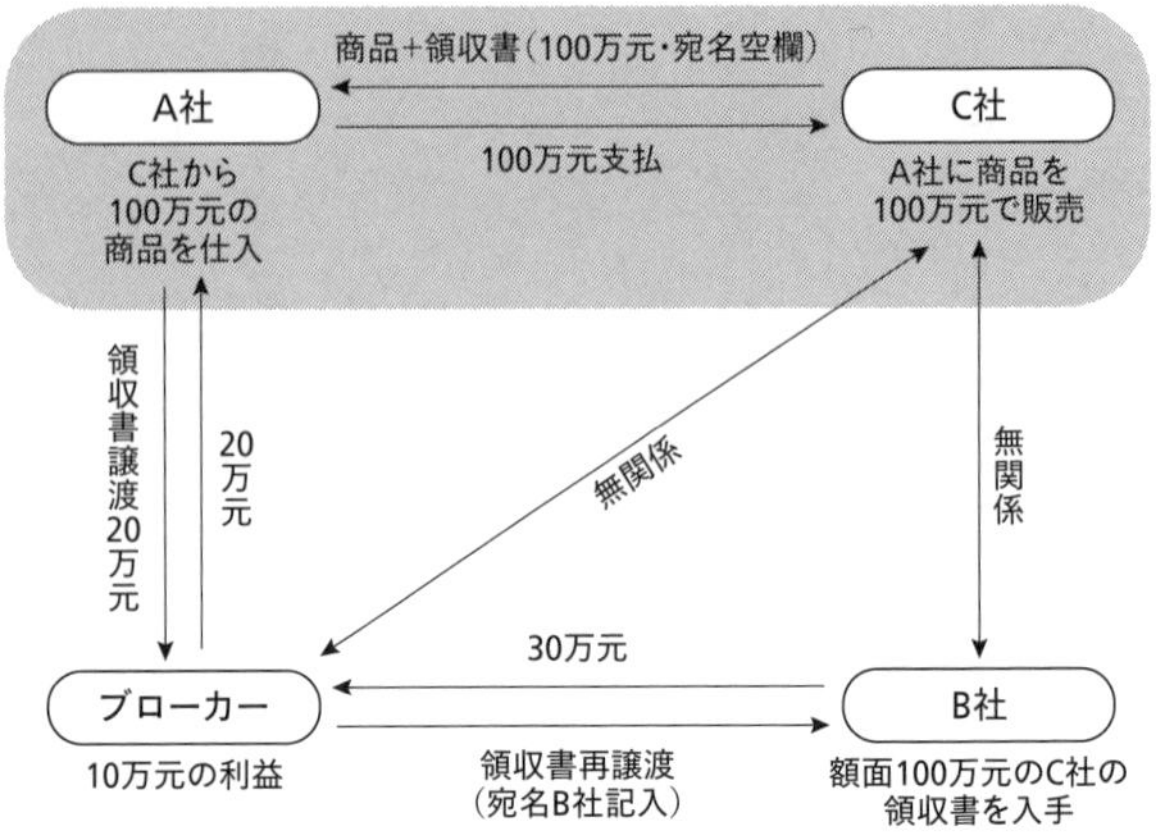

図5　領収書のトリック

領収書の価格の付け方

ではこうして買い取られた領収書は、どうやって流通し価格が付けられるのか？

この仕組みを図5が解いている。まずA社がC社から一〇〇万元の商品を買い、宛名空欄の一〇〇万元の領収書を発行してもらう。次にA社は、その領収書を領収書流通市場のブローカーに二〇万元という金額で売却する。

この場合、A社は商品仕入の記帳をせず、仕入代金の一〇〇万元は、どこかの勘定科目に分散して潜り込ませる。

次に、このブローカーはその領収書をB社へ商品購入代金の支払いを受けたことにして、宛名にB社の社名を書いて三〇万元で売却する。この結果、ブローカーは一〇万元を儲ける。C社とブローカー、B社は取引上の接触もつながりもいっさいない。

しかし、一〇〇万元が記載された領収書は、これを手に入れたB社にとって、どんな利点があるのだろうか。

その答えは、前述のとおり費用が増加することでウラガネが生まれる点にある。B社には帳簿上で実際には仕入れもしない一〇〇万元分の仕入れが生まれたことになり、その代金が、費用として記帳されることになる。

また、B社は領収書を三〇万元で買ったので、経理上、その三〇万元は支出になるが、現金一〇〇万元を支払ったように見せかけることで、一〇〇万元との差額の七〇万元がウラガネとして捻出できる。うまく使えば、税率二五％の企業所得税の控除資金ともなる。こんなにおいしいトリックはない。

もとの領収書を発行したC社は、一〇〇万元の売上伝票（A社宛名記載の原票）を起票すれば、増値税支払い等の内部の経理処理の不正は生まれないから魔法のトリックだ。

五　ネット・ショッピング高利益のトリック

金持ち相手のニュービジネス

ネット預金の時差金利トリックのところでもスマホ金融について取り上げたが、いまの中国人からスマホを取り上げてしまったら、個人も消費市場も金融市場も、ともに大パニックになり、経済全体がまっさかさまに転落することは火を見るよりも明らかだ。

中国ではスマホを利用するネット取引は、いまやあらゆる経済活動や文化活動などに深く潜り込み、ついには現金決済の慣習を排除し、路上に座る物乞いまでもがスマホを膝元に置き、篤信家のスマホを通じて恵みの金銭をピピーッと受け取るというキャッシュ・レス時代になっている。いまや現金を持っているだけでは、ファストフードでコーヒー一杯も飲めない。

急速に進む日常生活の変化の中で、ネット・ショッピングをする中国人が最も注意することは、注文したとおりの商品が送られてくるかどうかという点だ。信頼できる業者かどうかを利用者同士が評価する仕組みなどはあるものの、にせもの、まがいものが送られてくるリスク、頼んだ商品が届かないリスクは消えない。こうした詐欺商法は許されるものではない。

しかしここでいうトリックとは、このような、だれが見ても犯罪行為としか映らないものを指すのではない。実に巧妙に、だれにもわからず、しかも違法行為ではなく、やり方次第ではネット・ショッピング業者が儲かる方法だ。

中国のネット取引業界（中国では電子商取引、略して「電商」と呼ばれる）は急速に世界一のマーケットに成長した。飲料、野菜、衣類、電化製品、化粧品、くすり、何でもスマホで買い、スマホで決済する。スマホを片時も手放すことができないような、スマホ漬け社会がいまの中国だ。

売るほうも買うほうも、C2C、B2C、B2B、O2O（オンラインとオフライン取引の略。料理の出前が例）といったスマホアプリを経由して結びついている。互いに顔や素性を隠したまま、モノやカネだけでつながっていく。

ここで大繁盛しているのが、都会のお金持ち層を会員とする新鮮で安全性の高い野菜や果物、加工食品、コメや小麦粉といった、食べものの電商を通じた売買だ。中国で増えた金持ち層が求める食の安全と安心に応えて、急速に市場を拡大している、中国で生まれた新しいビジネスモデルだ。

ここには、販売する側と買う側とが、スマホを介した信頼だけでつながる、強そうに見えて意外にもろい関係が存在する。それを逆手にとるように、販売する側の手によって決済の仕組みの中に組み込まれた巧妙なトリックが、ガラスの信頼関係を成立させている。

プリペイド型売買契約の罠

このトリック販売の仕組みとは、どんなものだろうか？

販売する側、たとえば野菜や果物を作り、販売する大型の農業経営企業であり、電商業者（厳密にいうと日本にはないが、ネット通販業者、たとえば楽天やヤフーオークションのような機能を一部に持つ）であるこの業者は、自分が開発した会員向けアプリをスマホにダウンロードさせ、注文を受けると、商品を梱包、発送し、その代金決済のすべてを一元的に管理する。

商品の発送業務それ自体は、契約した配送業者が、企業の畑や倉庫から注文主へ送り届ける。その会員の多くは大都市に住む住民だ。業者の持つパソコンの画面上の地図には黒いピンで会員の住所が示されており、ピンが地図上にびっしりと埋まっていればいるほど、会員の数が多く、繁盛していることを示している。

業者は会員とのあいだで、毎年、一定の売買取引の契約を事前に結ぶ。たとえば年間の販売総額を六〇〇〇元（約一〇万二〇〇〇円）とした場合、六〇〇〇元は契約と同時に前払いで銀行口座へ振り込ませる。一種のプリペイド型の売買契約だ。

これを年間の販売額の上限とし、六〇〇〇元を一二か月で割った五〇〇元相当の農産物などの食品を毎月、会員宅へ送る。会員が五〇〇元分の食品をスマホの専用アプリを通じて注文する場合もあり、その場合には、ナス五〇元分、トマト一〇〇元分、キュウリ三〇元分、インゲン五〇元分、スイカ二〇〇元分といった形で計五〇〇元になるように注文をする。業者は、この注文にしたがって食品を会員に発送する。

こうして毎月五〇〇元ずつ発送するから、六〇〇〇元だった購入枠は毎月五〇〇元ずつ減っていき、最後の月には、購入枠がゼロになるという仕組みだ。

会員の商品の購入に当たっては、毎月の合計金額をスマホにダウンロードしたアプリが

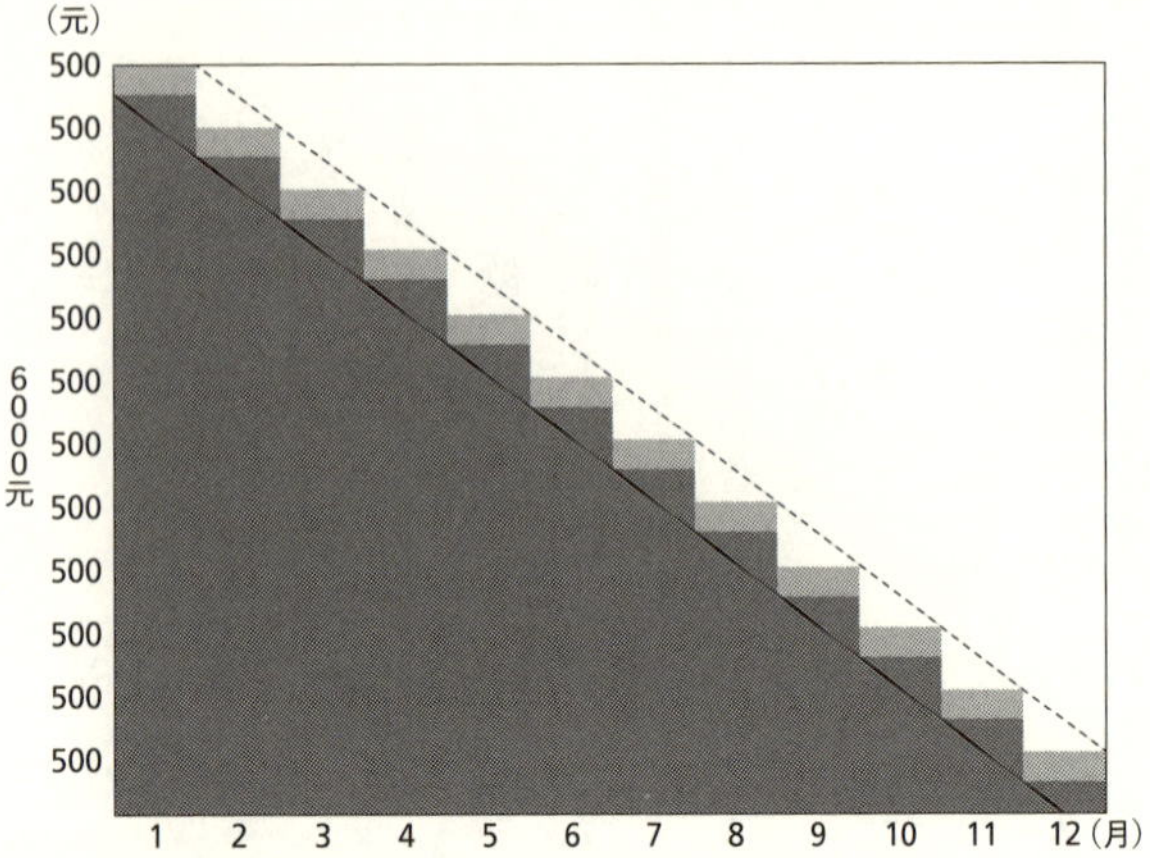

図6　ネット通販業者のトリック利益

自動的に計算してくれるから、面倒なことはいっさいする必要がない。

こうして一年が終わり、便利なこの方法にすっかり慣れた会員は、次の一年間の再契約に移り、次の年には年間契約額を六〇〇〇元から八〇〇〇元に引き上げるかもしれない。

もしそうなれば、業者と会員の信頼関係はさらに強固になり、新しい一年に向かうことをさえぎるものはいっさいなくなる。

一見すると売り手も買い手も満足して終わる便利な仕組みのようだが、そうはいかないのが、図6で説明する隠されたトリックの存在である。もし、このトリックが会員にばれるようなことになれば、両者の信頼関係が一気に崩れることは避けられまい。

まずこの図の見方を説明したい。左の五〇〇は、業者が毎月会員へ発送する詰め合わせ食品の合計販売価格である五〇〇元を意味する。合計すると一年間で六〇〇〇元。会員である食品の買い手は、毎月五〇〇元分の野菜や果物、加工食品などの詰め合わせが決まった日に届くことを心待ちにし、それが届くと中身を見て安心する。

ところが、ここに、買い手の知らないトリックが潜むことはツユほども知らないし、知らなくてもいいことなのだ。

価格の操作とピンハネ

そのトリックとは、野菜や果物の価格は気まぐれで、季節や品質次第で値段が変化するものであることを巧みに使ったものだ。

つまり、会員は送られてくる食品一つひとつの正確な単価を知りようもないし、また、月によって変化する価格の実態を知らない。だから毎月、予定の五〇〇元分が届いていると思い込んでしまう。

つまり、市場価格で量った食品類の詰め合わせの価格の合計が、実際には四〇〇元分とか四五〇元分とか、五〇〇元を下回る量しか送っていなくとも、買い手が、それが正しいかどうかをチェックする方法がないのだ。買い手は、送り届けられた箱に入った食品の合計額は、五〇〇元分だと信じて疑わない。

かくして、図6の出番となる。買い手が思っている食品の合計は五〇〇元分。図では、薄い灰色の斜線の部分だ。毎月、ちゃんと送り届けられているはずだと、買い手が勝手に思い込んでしまう部分だ。一方、濃い灰色の部分は、業者が実際に送る食品の合計額を示している。

結局、この図からおわかりのように、業者は濃い灰色の部分と薄い灰色の部分が挟む階段状の部分をピンハネするのである。

ここで注意してほしい点は、この薄い灰色の部分は、業者がこのような売買を通じて一般的に受け取るべき本業の利益ではなく、買い手が気付かないために、業者に生まれる特別の利益だという点だ。

業者は金額的には下の斜めの実線分を送って、代金は上の点線部分を受け取るので、その差額を第二の利益として儲ける仕組みということだ。

電商が重要なところで関係する流通取引はこういうカラクリを隠し持つ。会員や消費者が、食品や扱い品目の種類ごとに、正規の価格を知ることができない抜け道を利用したものだ。これ自体、情報の非対称性（取り引きする商品についての情報が、当事者間で格差があること）などを利用した気配が漂うが、実際の売買の取引ではめずらしいことだ。

電商業者のすべてが、こういう悪辣《あくらつ》なトリックを使っているとはかぎらない。しかし、業者から食品の仕入価格が上がったとか、品質のいいものを送ったとかいわれれば、会員はそれを信用する以外にない。

ここに、このトリックが隠れながらも生き続ける根拠がある。

六　住宅過剰下の価格高騰のトリック

広い床面積と価格高騰

中国の住宅一戸当たりの床面積は、日本と比較にならないくらいに広い。

二〇年ほど前までは、家族一人当たりの面積はおおむね一〇平方メートル以下だった。それが、現在は三倍のほぼ三〇平方メートルにまで拡大した。持ち家制度が広がり、住宅が大規模化し、新築住宅が売れた結果である。

まず、住宅面積について、日本と中国の現在を比較してみよう。

データの年次はやや異なるが、二〇一六年の中国における住宅建築着工面積は五七億七五二二万平方メートル、二〇一七年の日本の住宅建築着工面積七七六二万平方メートルなので、なんと中国は約七四倍もの広さだ。けた違いとはよくいったものだ。

北京の中心部に位置する天安門広場を中心に、市街地から放射状に広がる六本の高速環状道路の朝夕は、都心や勤務地に急ぐクルマで大混雑。地下鉄の混雑ぶりも東京並みか、それ以上だ。

朝の混雑する時間帯であろうと、暇な昼過ぎの時間帯であろうとも、地下鉄に乗るたびに、空港に設置してあるのと同じ手荷物検査用の機械に荷物を通す義務がある。そうしないと、近くで小銃を肩にかけて見張っている警察官から注意を受ける。こうした持ち物検査や過剰な警戒が、朝の駅の混雑に拍車をかける。

すでに北京市の人口は東京都の約二倍の二一七〇万人。しかし、最近は人口増加にもようやく歯止めがかかり、二〇一七年からは減少に転じ、二〇一六年よりも〇・一%減ったという。上海市も同じく、人口減少の時代に入ったという報道がある。

しかし、住宅（ほとんどがマンション）価格はまだまだうなぎ登りで、北京の中心地を走る高速環状道路のうち、最も内側の道路、通称「1環」あたりでは住宅価格が一平方メートル当たり一〇万元（約一七〇万円）というのもめずらしくない。

内装工事は自己負担

中国の住宅価格の表示は、このように一平方メートルを単位とするのが一般的だ。ただしこの一〇万元には、買ったあとの壁紙、電灯設備、キッチン設備、水道蛇口、ガス設備、浴室などの内装費用は含まれていない。

では、人が住める状態にするためには、さらに、どのくらいかかるのだろうか？

これらの内装費用は、いくら低く見積もっても、一平方メートル当たり一万元はかかる。中国人は、最低でも一〇〇平方メートル、一般的には二〇〇から三〇〇平方メートルの面積の広い住宅を買うのが普通なので、その費用として一〇〇万元から三〇〇万元もかかる勘定だ。

内装のお金のかけ方には個人差があるので一概にはいえないが、日本円にして約一七〇〇万円から五一〇〇万円くらいは普通のことで、驚くに値しない。

そう考えると、中国ではあまり広いとはいえない、広さ一〇〇平方メートルの新築住宅の価格は約三〇〇〇万円で、日本と大きな差はない。

これが北京市なら都心から二〇～三〇キロメートル、省都なら山東省、遼寧省、江蘇省、河南省、福建省、広東省などの中心部の最低住宅価格だ。

一般の市民にとって新築の住宅を買うということは、人生で最大の買い物であることは、どこの国も同じだ。しかし実際は、多くの市民は、その一生をかけても家を買うことはできない。

最近は、北京市や上海市などの大都会を中心に、新築の住宅以外に、中古住宅も市場にあふれ始めた。

内装費用の節約、近くて便利、価格も手ごろな中古住宅の人気は高い。手ごろとはいっても、一般の人にとっては高いので、最近は賃貸アパートも急速に増え出した。

しかし供給がまだ追いつかないので、賃貸アパートもけっして安いとはいえず、北京市内では五〇平方メートル当たり四〇〇〇元（約七万円）くらいはするから、新婚共稼ぎ家庭だと、片方の給料がひと月に四〇〇〇元以上ないと生活していけない。

北京市や上海市では、同じ面積の住宅でも、新築と中古では、価格に一〇倍ほどの開きがある。これには、中国人の気質ともいえる中古品ぎらいがある。

日本では、だれが着たかもわからない古着が高い値段で買われることもあるが、中国では、中古車さえも敬遠される。中国の中古車市場が、なお未発達な背景には、こういう中国人の気質がある。少しずつ、中古車業者も見られ始めたが、世界一の新車販売市場があるわりには、発達はかなり遅い。

中国の新築住宅の供給量はこの二〇年間ずっと増加し続けている。これと比例して、新築住宅の在庫数も毎日のように増え続けている。

常識的に考えれば、在庫が増えると価格は下がらずとも頭打ちにはなりそうなものだが、いまだ価格の大きな上昇が止まらないのが実情だ。普通の経済常識では理解しにくい現象ではある。

なぜ、こんな常識やぶりの現象が起きるのだろうか？ これにはウラがあり、その内実を知れば、何ということかと、驚くことになろう。

住宅市場をあやつる地方政府

中国の政府組織は富士山状になっていて、順に、トップの中央政府（日本の政府に当たる）、省政府（面積や人口は中国のほうが圧倒的に大きいが、日本の都道府県庁に当たる）、そして次が市政府、県政府、鎮政府や区政府、街道政府、郷政府と続く。

このうち市政府にはさらに細かなランクがあり、北京市・上海市など四つの巨大な市は「直轄市」と呼ばれ、省と同じランクが与えられている。市には、別の定義の仕方があることが日本とはまったく異なる。

一線都市（北京、上海、深圳、広州の四市）、新一線都市（一五市）、二線都市（三〇市）、三線都市（七〇市）、四線都市（九〇市）、五線都市（一二九市）だ（二〇一七年時点）。

これらの市は、行政上の境界線を面的に持っているとはかぎらず、ある二線都市の中に、日本の東京都中央区のように行政区画の明確な三線都市が数市含まれていることがある。市という名称がついているからといっても、さまざまなランクがあるのだ。

県は市の中に位置付けられ、人口は数十万から最大で一〇〇万人程度と、日本の県とは異なる存在だ。あえて当てはめようとすれば、日本の郡のようなものに相当する。県の下にランクされる鎮、区や郷は、日本の市町村に当たるといっておおよそ間違いない。

中国の農村に行くと、かならず村民委員会という法律で定められた農家の組織があるが、これは行政組織ではなく、郷などの下請け組織で、建て前では農家の自治的な組織とされている。そのトップが村長だ。

このほかに共産党委員会の村の支部があり、そのトップを書記といい、村長よりも格上なのが一般的だ。

これらの行政組織のうち、住宅行政の面で、最も重要な組織が県政府だ。地方政府のカナメといってもいいくらい、重要な役割を持っている。

住宅建設の中心となる県政府は、さまざまな機関や個人の司令塔だ。県内で最も豪華な

写真2　とある県政府の庁舎

御殿のような庁舎（写真2）に収まり、土地供給元となる農民、住宅開発業者、住宅販売業者、ローン貸し出しの銀行、街の不動産斡旋業者、広告会社などをそれぞれ監督する強い権限を持つ。

住宅行政の面で県政府が演じる主な役割は、農民から農地を収用して宅地化や商業用地化することだ。

そこで住宅開発業者は住宅団地の設計と建設を行い、完成する前から住宅販売業者が広告を出し、不動産斡旋業者を通じた買い手が銀行からローンを借りる。ローンを借りるときは、借りたお金で購入する住宅が担保となることが一般的だ。

住宅開発業者と銀行の縁

実は多くの開発業者も資金に余裕はないので、銀行に頼んで巨額の建設費、運転資金を用立てる。その際は、やはり銀行に、開発した住宅用地を担保として差し入れる。最近、こうした開発業者の中には資金繰りに行き詰まり、開発してはそれを担保にして借入を繰り返し、自転車操業のように経営を悪化させ、経営破綻寸前の業者もあるらしい。

二〇一八年の三月、中国南部のある地方都市を訪れたとき、マンションの建てすぎから売れ残り、経営破綻の噂がたつ業者が増えていることを耳にした。

この地方の住宅価格は一平方メートル当たり五〜六〇〇〇元というから、北京の一等地に建つ住宅に比べると二〇分の一程度にすぎない。しかし、毎年の値上がり率は五%を下らないというから驚きだ。

農村地帯を鉄道かクルマで走ると、かならずといっていいくらい、畑の遠くに巨大な高層ビル群が、蜃気楼の影で揺れる数隻の大型船のように霞んで見える。そのほとんどが高層マンション群だ。

いなかの畑の真ん中に建てた住宅をいったいだれが買うのか、買ったにしても、そこか

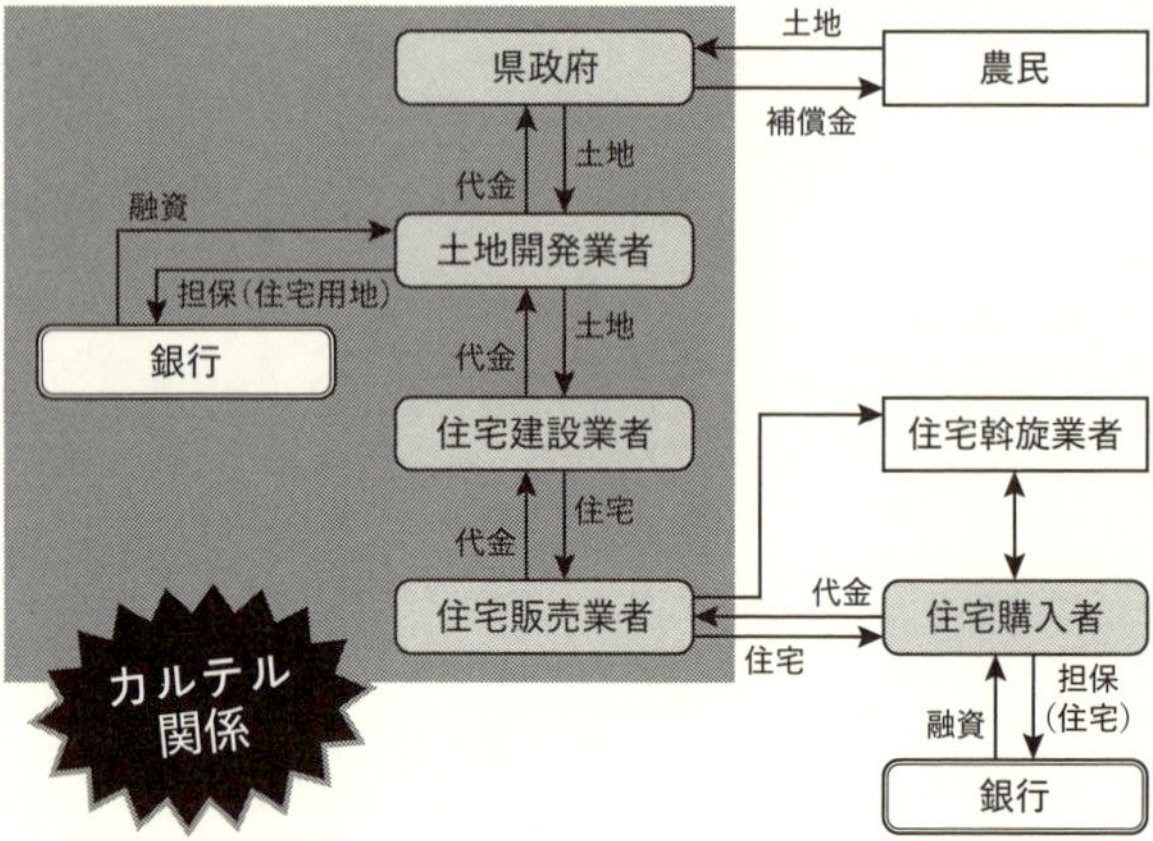

図7　物件価格カルテル関係図

らどこへ通勤し、食べものなどの日用品はどこで買うのかといった疑問が次々と湧いてくる。何かがおかしいというのが率直な感想だ。

しかも、これほど供給量が過大でも価格は下がらず、さらに新しいマンション群が建設され続けるのは、いったいどんな理由があってのことだろうか?

調べてみた結果、図7のように住宅供給に参加する県政府、土地開発業者、住宅建設業者、住宅販売業者、ローンを貸し出す銀行五者による住宅価格を維持しようとする、一種の暗黙のカルテルが存在するためではないか、というのが私の仮説的な結論だ。

いまはどの地方の県政府にも多額の負債があることが知られている。日本でも地方自治体やその下の土地開発公社が土地を買ったまま、塩漬け状態になって売れない土地を抱え、多額の負債となった例が多いが、中国も日本と似たようなものだ。

地方政府が経営する事業会社の殿さま商売の失敗、とりわけ地方政府が経営するノンバンクの不良債権などが大きな問題だ。

一方的な農地収用

県政府が経営する事業会社の業種は多岐にわたる。土建会社、不動産開発会社、旅行代理業、ホテル、飲食業、融資取り次ぎ業（金融ブローカー）、農業企業経営、食品加工業、卸小売業（産地の野菜、果物卸売市場やスーパー経営）、農業資材販売業、保険代理業、そのほか儲かりそうなものは何にでも手を出す傾向がある。

しかし、これらの事業の経営実態は容易には表に出てこない。それを伝えるはずの新聞をはじめとするマスコミは、そろって口をつぐむ。ネットやスマホのSNS掲示板も、公的機関について批判じみたことを書き込むと、ただちに削除される。

地方政府が行うこれらの事業の中で、黒字経営体は少ないと見られている。その理由として多く指摘されるのは、その野放図な経営方式により、どこかに穴が空いていて、そこから黒字分が逃げていくというものである。その結果、経費の穴埋めができず、負債がかさむ。さらには、その赤字を銀行からのつなぎ融資で一時的に埋め、かろうじて、破綻を免れているというのだ。武士の商法という表現が、ぴったりな感がある。

とくに苦しいのは県政府が運営する不動産開発業者、中でもマンション建設用地のための土地開発業者とマンション建設業者だという。

まず、土地開発事業は農民からの用地収用から始まる。買収ではなく、収用だ。

農家から農地を取得する場合、日本ならば、まず買収したい場所と面積を提示し、価格交渉を行い、農地から非農地へ使いみちを変更する場合は、市町村の農業委員会の許可を得るなどの手続きを経て、売買当事者が互いに合意する内容で決着するのが一般的だ。

ところが中国の場合、最初にあるはずの売買交渉がない。価格交渉もない。なぜかというと、制度上、農家個人は農地の所有者ではないからだ。

中国で農地は、制度上は公有となっている。しかし土地を公有する具体的な所有者が法的にいったいだれなのか、その実体が不明なのだ。そもそもの交渉当事者がはっきりしないというのはおかしな話だ。

農地を使って農業をしているのが農民であることは間違いないが、農地は農民のものではない。農民は単にその農地を一定期間使用してよい、という権利を与えられた者にすぎない。

いまなお社会主義制度を押し付けられている国なので、農民と農地の関係はそういうことになっている。

しかし、昔の地主制度でさんざん痛めつけられてきた農民にとっては、農地を使わせてくれる政府や共産党に感謝こそすれ、文句をいう理由は見当たらないようだ。

この信頼を裏切るように、県政府は農家がいまコメや野菜を植えて、収穫を待っているそのときに、問答無用、その土地をよこせとばかりに、いきなり収用作業にとりかかる。ブルドーザーでコメや野菜を押しつぶし、あっという間に整地作業は終わりだ。

農民には制度上、これをこばむ権利はない。だから、泣き寝入りである。収用した農地の補償はスズメの涙ほどしかなく、農民はそれをもらうと村からどこかに移住させられ、もう帰らないし、帰る場所もない。

県政府の中には、収用した農地に建てたマンションの一部屋、二部屋を補償金がわりに、農民に与えて済まそうとする場合もあるが、部屋には何も生えないし、何も生まないから、結局は売ってしまう農民が多い。

マンションを売って得たお金は、子どものマンションの頭金や、移り住む安い住宅の代金や生活費、遊興費に消えるので、無一文になるまでにそれほどの時間はかからない。

担保物件の価格操作の闇

中国のさまざまな住宅関連業者にとって最大の悩みごとは、銀行融資を受ける際に担保に入れる土地を持たないことだ。日本の場合だと、大概は自分が所有する土地を担保物件として差し出すのが普通だが、中国の場合、土地の所有権を民間の企業や個人が持つことはできず、国から与えられた「使用権」という権利しかない。使用権を担保として認める銀行もあるが、処分する際に面倒な手続きがかかるので、敬遠されがちだ。

そこで多くの業者がとる方法は、完成したマンションを一棟丸ごと担保として差し入れることだ。これを文書で約束してからでないと、融資を受けることは難しい。この場合、常に次のような問題と向き合っていかなければならない。

それは、担保価値が絶対に下がってはならないというオキテだ。担保価値は、住宅価格と同じ方向に動くから、ときに、大幅に下がることもある。その結果、銀行が貸している債権が、一気に不良債権化する危機的な状態に陥る。

価値が下がれば住宅開発業者は銀行から開発資金を借りにくくなり、担保価値がこれまで借り出していた資金を割り込むので、追加の担保を差し出さなければならない。

しかし、開発業者にはもう差し出せる担保はどこにもない。同様に、すでに住宅を買って数年がたった買い手も、要求に応じることが不可能にもかかわらず、銀行から新たな担保の積み増しを要求される。

もしこうなれば、住宅関連市場の崩壊につながり、中国経済を揺るがす、最も怖い事態につながりかねない。

この危機を避け、住宅市場を平穏のまま維持するには、図7で示したように、関係業者がカルテルを結んで、住宅の価格維持のために協力しあう以外に有効な手はない。

土地取得から住宅の建設、販売までにビジネスとしてかかわる地方政府と民間のさまざまな業者が組む暗黙のカルテルが、住宅市場崩壊の危険から互いの身を守る、見えないトリックの本質なのだ。

七　土地価格市場のトリック

地目を持たない中国の農地

今度は土地価格のトリックについてだ。

国土面積が日本の二六倍もある中国だから、土地は限りなくあるように見える。しかし実際は、人間が日常的に使える土地はかぎられており、広大な面積の一〇％程度と見られているから割合に少ない。

その土地の大部分は、もとは農地として開拓された土地だ。それが経済発展にひきずられて工場用地となり、住宅用地となり、商業用地やインフラ整備用地に生まれ変わってきた。

農地利用のあり方が、これらさまざまな用地に変わるたびに、日本人には信じがたいことが繰り返される。しかし別に違法なわけではない。むしろ、政府が先頭に立って進めてきたことなのだ。

中国の土地の地目（種類）には、農地、住宅用地、商業用地、工業用地、四つの地目がある。ただし、農地だけは正式な地目とはなっていない。なんとなく、日陰もののような扱われ方をしているのが、面積の最も広い農地なのだ。

土地ははじめから、地目によって区分されているわけではない。林や雑草地など自然の状態にあったものが、ある目的のために開発、整地され、必要な付属物を付けるなどして、初めて目的に応じて、住宅用地とか商業用地とかの地目を持つようになる。

農地にも農作物を植えるという目的があることから、農地という地目を持つのは自然なことのように思えるが、中国では、農地という呼び方はあるが、正式な地目にはならないまま、今日まで来ている。

地目を持つということは、土地の利用方法が決まることなので、所有権者や利用権者が自分の専用の土地であることを宣言することにつながる。土地台帳などへの登記といわれるものがそれだ。

中国では、一九四九年に社会主義革命が起きた。中国の社会主義革命は、広い面積の農地を所有して、小作人（日々の生活もやっとの貧しい農民）に農作業をやらせ、自分やその家族は豪勢な暮らしをしてきた地主たちから農地を取り上げ、貧しい農民全員に農地を分け与えた。

この革命によって、すべての土地は地主の手から、中国で最も人口の多い農民や規模の小さな商工業者に配分された。しかしそのあとすぐに、国家の命令で社会主義の協同組合である農業合作社に提供されることになり、以後は、農民が勝手に農地を使うことはできなくなった。

人民公社所有から村民委員会所有へ

革命直後の一九五〇年代、農民から集めた農地は「人民公社」と呼ばれる集団組織の所有となり、農地の所有権は、農民の手から完全に離れていった。地主から奪った土地の所有権が、農民の手に渡ったのはいっときのことで、今度は人民公社に移ったのだ。

人民公社は農民（人民）の集まりなので、一人ひとりには私的な権利がなくても、農民みんなのものだから、所有権は農民にあるのと同じだという理屈だった。理屈の前に「へ」が付くという学者もいるが。

「人民」という言葉は、いまの時代の権力者や支配者にとっても、けっこう便利な言葉のようだ。実際、中国のトップは非常に強い権力を持っており、普通の国民にとっては、絶対服従しなければならない存在だ。

ところが、トップの肩書が「中国国家主席」であっても、人が呼ぶ際には、たとえば習近平の場合、肩書の前に「中国人民習近平同志」という表現を付けて、「トップもおまえと同じ人民の一人だよ」という形式をとる習慣だけは、いまだになくなっていない。

社会主義である中国は労働者と農民をはじめとする人民が作る平等な国家だ、という建て前がそうさせているのだ。しかし、建て前優先の組織は欠点が少なくない。人民公社は建て前がすべてに優先されたことなどが原因となり、自壊してしまった。

その後、農地の所有権はどうなったのだろうか？

農民の手に再び戻ることはなく、今度はいつのまにか（一九八六〜八七年「中国土地管理法」「村民委員会組織法」といった、堅い法律が公布された年ともいえる）、農民が自分たちの手で自主的に作ったとされている農民の「集団組織」という、あるのかないのかはっきりしないところに移ったということになってしまった。

それとほぼ同時に、農地所有権は手離さないが、村の農地を使って、作りたい農作物を作って、そのいくらかを上納すれば、あとは自由に売ってもよい、という改正が行われもした。

この頃から、農民は作物を作れば売れる、お金が入る、という初めての仕組みを天にも昇る気持ちで謳歌《おうか》するようになり、国全体の農作物の生産量も急増し始めた。

農地は自分のものではないが、自分の家族の頭数に比例する面積を耕すことができた。自分の家族分の農地が村の農地全体のどの部分かという線引きも、村の農民全体がおおよそお互いに認めあうようになっていった。しかしその線引きはいい加減なもので、隣りの農家とは農地の境界をめぐって争いが絶えず、それはいまも変わらない。

私自身、何度もそういう紛争の現場に足を運んだが、境界に杭などの目印はなく、慣習的な、目に見えないが、互いが許せる境界線を引いてあるのだろう。こうした曖昧な境界が村の土地紛糾処理委員会の出番が増える理由になっている。

日本の場合だと、うるさいほど境界に厳しいので、双方が合意した境界ができている。また土地は私有制度だから、自分の土地は面積だけでなく、場所、区画とその番号が公図に書かれており、間違えることはほとんどない。

中国の農地は公図が完成していないので、農家ごとの土地利用についての土地区画が確定されていない。この問題は、農地を使う農家に所有権がないので、そもそも公図は不要という社会主義的な考え方にもとづく。

日本の三四倍の農地面積と強制収用

さて、現在の中国全体の土地の使われ方を見ると、農地（耕地）は、一億三五〇〇万ヘクタール（日本の農地面積は約四〇〇万ヘクタール。中国は日本の約三四倍）、都市用地八九〇万ヘクタール、住宅用地二九五万ヘクタール、商業用地六四万ヘクタール、工業用地二四九万ヘクタール、道路と交通関連用地一〇七万ヘクタール、公共サービス用地（行政建物、保健所、医院、学校、軍隊、国有企業など）一一一万ヘクタールである。道路・公共サービス用地は、土地利用の分類上は、地目の範囲外だ（中国自然資源部二〇一五年調査）。ちなみに、商業用地や都市の住宅用地、交通関連用地は都市用地とされている。

すべての不動産開発は、まずこの農地を壊すことから始まる。壊すとは、収用することであり、多くの場合は、日本でいう強制収用に等しい。

住宅用地、商業用地、工業用地、道路……、そのほとんどは、もとを返せば農地なのである。いくら農地面積が広いといっても、農家一戸当たりでは日本の数分の一。これをとられるのだから農家の苦労は、察するにあまりある。

マンション用地を、山林原野を整地して手に入れるなどということはほとんどない。なぜかというと、山林原野を切り開いてマンションを作ったところで、道路にとどまらず、水道、ガス、電気、商店、学校、病院、役場、仕事場、およそ日常生活を営む上で不可欠なライフ・ラインが何もない遠隔地になるからだ。

これに対し、すでに農地としての開発が済んでいるところでは、道路、水利、電気というう最低のライフ・ラインはそろっている。また土地も平らだ。そもそも、農地というものは、人里離れた場所にではなく、比較的、人の暮らしが見えるところにあるものだ。

林立する高層マンション

こうした好条件のそろっている土地をブルドーザーで一気に整地し、盛り土し、杭を打てば、マンション一棟は早わざのように、三か月もあれば完成する。それも作り方は日本とはまったく違い、西新宿の都庁あたりの高層ビル群のような、五〇階もありそうな高層マンションが数十棟、あっという間に出現する

同じような高層マンション群がいたるところに建設され、しかも一つの住宅面積が最低でも一〇〇平方メートル、平均二〇〇平方メートル、大きな住宅だと四〇〇平方メートル

以上もある。

中国の著名な大学で教授をしている友人の自宅マンションの床面積は、なんと聞いてびっくりの四五〇平方メートル。マンションにもかかわらず、住宅の中に大きな階段があり、そこを上った「二階」部分に、下の階と同じ面積の住居空間がある。二階にも、トイレと風呂場などがあり、まるで豪華ホテルのようなレイアウトと設備、備品、装飾だ。これが、日本なら〝億ション〟間違いなしだろう。

しかし、これほど広い彼のマンションが、中国では特別に豪華というわけでもないという。もし、中国の都市世帯を所得の多さに応じて、上、中、下の三つに大きく分け、各レベルをさらに小さく上下二つに分けると、中の下あたりから上に属する世帯の住宅事情は著しく改善され、同時に広くて豪華になった。確かに昔は狭かったし、調度品もかぎられ、暮らしは質素だった。しかしいまは、御殿のようなマンションさえめずらしくない。

全国規模で、こうしたマンション建設が増え出したのは、持ち家制度を推進し出した二〇〇〇年前後のことだった。それまでの中国の都市生活者の住宅は、原則として、勤務先が家主となる借家制度だった。

勤務先といっても、その多くは国有企業か公共機関だったから、住宅の所有者つまり家主は国だった。この住宅制度の改革が始まってから、都市勤労者の最初の目標は、所得水準に応じた自宅を持つことに定められた。

中国の全世帯の半分、二億数千世帯もある勤労者世帯が、一斉に住宅買いに走り始めた。住宅市場はとてつもない勢いで膨張を始めた。こんなにすさまじい規模と勢いで民間の住宅市場が生まれ、急成長を始めた国は、おそらく中国が史上初めてだ。市場経済制度の運営もままならない中国で、これだけ巨大な市場が穏便にできるとはだれも思わなかった。

これを迎え撃ったのが、住宅建設に関連する産業だ。住宅市場は、自動車市場と同じように、産業のすそ野が広い。土地はいうまでもなく、金融、電力、水道、ガス、道路、鉄鋼、セメント、木材、タイル、厨房設備、家電製品、通信機器、セキュリティ、風呂設備、水回り器具、家具や調度品など、そして商店や建設業者、その現場で働く要員と、きりがないほど多くて多種多様な産業と結びつく。

住宅産業は、さまざまな部品を使って、ある製品を作り出す組み立て産業のようなものだ。経済発展にも大きな貢献をする産業である。

土地の調達先は？

そして業者が、何よりもまっさきに調達しなければならなかったのが住宅用地だった。土地を、どこから、どのようにして調達するかということが大きな課題になった。

その答えは非常に簡潔だ。農民から土地を奪うのだ。都市住民や役人、建設業者、不動産業者、銀行、小売業者でそのことに反対する者は一人もいない。彼らは、農民から土地を奪うことで、次の新たな人生や仕事を得ることができるという、共通の利益と希望を抱いていた。

こう書いてくれば、そうして作られた住宅が、作ればすぐに売れそうに思えるかもしれないが、実はそうでもない。

二〇一四年頃は、作りすぎ、売れ残りがひびいたこともあり、倒産するマンション用地開発業者や建設業者が相次いだことがあった。その危うさは、いまでも完全に消えたわけではない。

マンション販売キャンペーンのために設けた現地の広い展示場は人もまばらで、売りに出されているマンションには空き家が目立つ。夜になれば、灯りが付いている部屋は一〇戸に一戸というほどの惨状だった。中国人記者の中には、こうした惨状を表して、鬼城

（ゴースト・タウン）と呼んだ者すらいた。

土地の中国的魔術

現在の中国の住宅市場は、その後の政府の住宅市場刺激策や株式市況の低迷による投機の活発化を受けて回復した。そのウラに、「土地の魔術」とでも呼ぶべき、中国にしか見られないトリックがあったのだ。これが中国の住宅投資と金融投資、ひいては、高い経済成長をひっぱる役目を担ってきた。

ここで起こっているのは、あいまいな農地所有権のせいで、本来、所有者ではないはずの県政府が、合法だといいながら農民から農地を取り上げていく、大きな矛盾だ。農民から、ほぼただで取り上げた農地を、住宅を建設するための用地目的で開発業者に売った県政府は、多額の売却利得をふところに収める。

開発業者は、それを再度住宅販売業者に高く売りつけ、膨大な利益を得る。さらに販売業者は、今度は自分の番とばかりに、住宅の買い手に高値で売りつける。

このゲームの最終的な幕が下りるのは、住宅の買い手の購入契約書へのサインと頭金の支払いのときである。しかし、互いが自分の金庫を振りかざして参加するこのゲームに、農民はまったく無縁の孤立者のまま参加できずに終わる。

それどころか、長い間、生計を立てるための基盤となっていた農地を一瞬にして失う。途方に暮れる農民のそばで、県政府をはじめとする関係者は、一瞬にして莫大な利益を手にするのだ。

農地の所有権が農民にはないことが、まず「土地の魔術」の出発点だ。「中国土地管理法」という法律があり、そこには、農地所有者は農民が構成員になるという、村の集団経済所有、すなわち公有だと書いてある。

ところが、普通の人なら不思議だと思うことが、この国の場合そうではないらしく、集団経済とは何を指しているのか、法律のどこにも規定がない。

結局、公有イコール国有。地方における農地の最も強い実質上の権限を持ち、国の業務を一部代行する県政府が、農地の生殺与奪の権限を発揮するというのが実態なのだ。

そこでまずは県政府が、図8のように、農地を無慈悲にも農民から取り上げる。取り上げるという言い方は誇張でも何でもなく、実際がほとんどこの言葉どおりだから農民は気の毒だ。刃向かうと国家反逆罪として処罰の対象ともなりうる、農民にとっては恐ろしい制度に違いない。

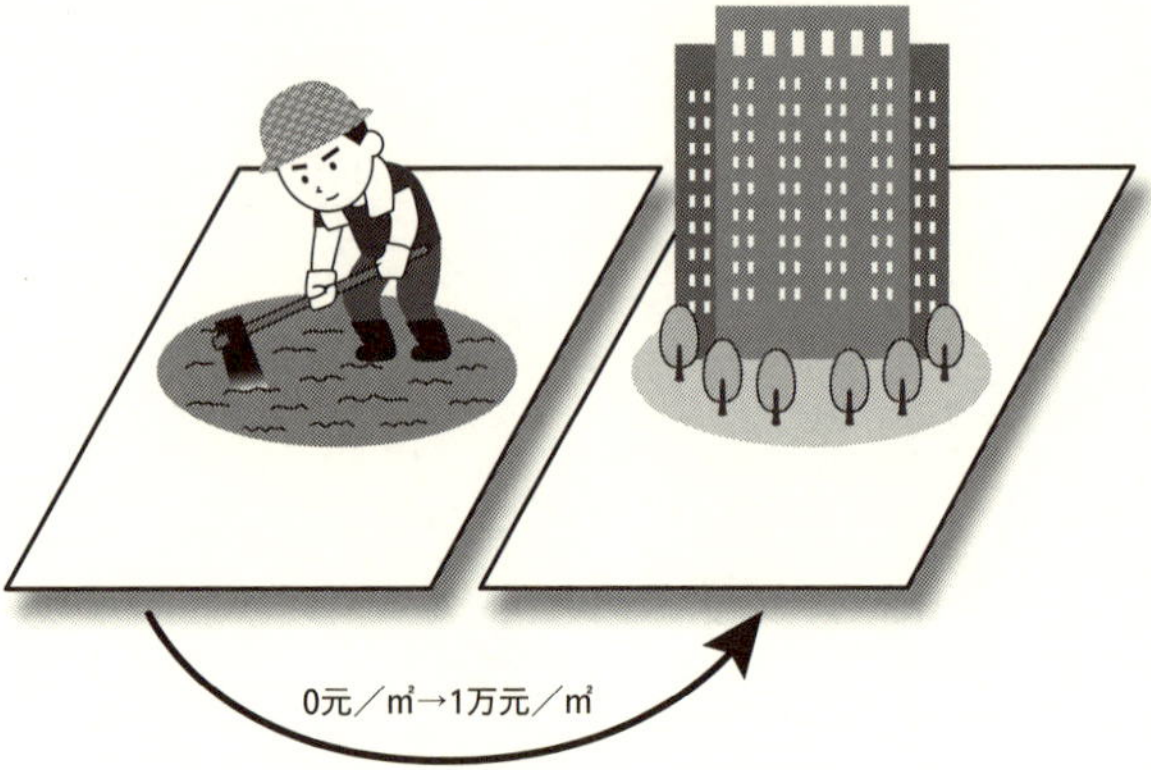

図8　農地の転身の例

	（元）	（円）
宅地	50,932	865,844
商用地	43,749	743,733
工業用地	2,506	42,602
平均	27,102	460,764
農地	0	0

表3　上海市の土地価格／1㎡（2017年）
上海市政府資料より著者作成。

ほんの少しの良心にすぎないが、多少の補償をすることになってはいるようだ。取り上げるまでの土地の地目は農地だ。しかし、その農地がどんなに都会に近い便利なところにあろうが、表3のように、農地価格がゼロである宿命は変わらない。

大化けする農地

中国の都市の中でも、地価が最も高いといわれている上海市の地目別の地価（時価）のうち、住宅用地は一平方メートル当たり五万九三二元（約八七万円）、次いで商業用地の四万三七四九元（約七四万円）、平均二万七一〇二元（約四六万円）だ。日本で地価が最も高い地域である、銀座の駅周辺の二〇一八年の地価（公示価格）は一平方メートル当たり約三六〇〇万円、これとはとても比較にならない。

しかし中国の場合、農地を県政府が住宅用地などに地目の使い方の転換を行うと、途端に、価格ゼロが高価格を持つ宝物に変身し、雨後のタケノコのように、高価なマンションが林立するように一変する。これが中国の農地大化けトリックだ。ただの土の塊が、瞬時にして金塊に変わるようなものである。

自分の農地を別の農民に貸したとすると、借りたほうの農民は借り賃つまり借地料を払うから、その金額の大小に関係なく、収益を生む財産としての価値がないではない。ただし、農地にはさまざまな制約があり、制度上は地目の変換をしなければ、農業用に使う農民以外には、使用権を譲渡することも販売することもできないのが現状だ。つまり地目が農地であるあいだは、一元の財産にもならないが、その土地の地目が農地でなくなった瞬間から、高い価格が付くことになる。

同じ土地の使い手が、農民であるあいだは財産として認められないのだ。中国の土地トリックは、農民の犠牲の上に成り立っている。

八　中国の失業者数のトリック

参考程度にもならぬ政府失業率

中国の公式失業率は低く、日本並みだ。この一〇年間ほとんど変わらず、表向きは三・五～四％程度で安定している。世界一の驚異的な経済成長を続けているから、そんなものだろうと納得する人は多い。

しかし、実際はそうではないところがここでの問題だ。これからその実態と、失業率がなぜ低いのかについてのトリックを明かしていこう。

失業とは、働きたくても職を失っている状態のことを言う。そして、失業率とは、ある国の総労働人口（実際に職のある者と働く意欲はあるが職のない者の合計）のうち失業している労働人口の割合が何％かということを示している。

失業者数や失業率は、その国の経済の好不況や国民の生活の安定度を測る、最もよい指標の一つだ。日本の場合もほぼ毎月、総務省の統計局が公表することになっている。この数字を、現在の雇用情勢はどうか、企業の景気はどうか、といったことを判断する有力な材料にしている。

中国でも日本と同じようにこの数字を用いるが、この指標に、日本をはじめとする先進国ではとうていありえない操作があるとしたらどうだろうか？

当然、経済の好不況や国民の生活の実態がわからなくなる恐れがあるし、国民に対する、ある種の欺きともなる。

中国政府の定義によると、失業者とは、一六歳以上六〇歳以下（女子は五五歳以下）の生産年齢人口のうち、積極的に働く意思があっても、通常の賃金を保証される仕事がない者をいう。だから基本的に、定義の仕方は日本と同じである。

定義はほかの国と同じでも、働く意識や仕事観には国によって国民差があり、就職後の定着期間の長短によっても、失業率の意味には差が生まれる。終身雇用制のもとでは、同じ職場で就業する時間が長いし、そうでないところでは離職や転職が多いので、失業する確率も高くなるのが一般的だ。

二〇一六年の中国政府統計による失業者数は九八二万人だ。失業率は四・〇二％ということになっている。ここに、ほとんどの中国人すら知らない大きなトリックが隠されている。この数字はいかにも小さすぎる。ちなみに総務省によると、同じ年の日本の失業者数は二〇八万人、失業率は三・一％。

実は中国のこの失業者数と失業率には、農林漁業部門の世帯主とその配偶者、働く年齢に達した子どもは含まれていないのだ。

しかも、さきほどの中国政府の定義にしたがえば、家が農家であろうとなかろうと、働きたくても働く場所のない者は、定義上、失業者に当たるはずだ。しかし実際には異なる。

農村戸籍と失業の関係

中国の戸籍制度は日本などとは異なり、農村戸籍と都市戸籍とに分かれている。農林漁業者は農村戸籍に、それ以外は都市戸籍に属する。

農林漁業者の家に生まれれば、続き柄に関係なく、親、祖父母、子どもすべてが、農村戸籍に分類される。現在は緩和されつつあるが、原則として、農村戸籍を持つ中国人は一生農村戸籍者に分類されて暮らすことになる。

中国人は、だれもがプラスチック製のカード式身分証明書を与えられ、いつも肌身離さず持っていなければならない。国内のホテルに泊まるときも、長距離バスや列車、飛行機や船に乗るときにもこの身分証明カードがないと、一歩も動けない。中国は住民一人ひとりの管理が厳しい国なのだ。

このカードには、出生地、誕生日、どの民族に属するか（中国で最大の民族は漢族。このほかに少数民族が五五ある）と並んで戸籍情報が記載されている。日本のマイナンバー・カードのように顔写真付きだ。中国人にとっては生命の次に大事なものである。

この戸籍は、基本的に出生地の市や県の住民登録がベースとなる。日本の場合と大きく異なる点は、引っ越したところでは住民登録はできず、出生地が戸籍の場所となり、住民票のある場所とかならず一致するということだ。

だから、たとえばある省から上海市に転居した者であっても、上海市の住民ではなく出生地の住民のままだ。だんだんと規制が緩くなってはきたが、上海市の戸籍がなければ病院で治療も受けられないし、子どもを上海市立の学校に入学させることすらできない仕組みが、この戸籍制度だ。

このような、世界に例を見ない厳しい移動制限制度のもとで、農民は失業者に等しい無所得あるいは低所得であっても、制度上は失業者から除かれる。実際には失業していても、仕事がある者という扱いなのである。

その理由は、農民には、国が農地を使用する権利である土地使用権を与えており、その農地を耕して得た農産物を食べたり売ったりすれば生活ができるはずだから、失業ではないという理由による。

しかし、これは建て前論にすぎる。農民に分け与えられた農地はあまりにも狭く、そこで得た農産物を売ったところで、月収が日本円で一万円にもならない農家が少なくない。

これでは人間の生活として、最低限の食生活さえままならないこともめずらしくはない。子どもの学校の経費すら滞るほどで、娘の結婚式費用や父親なら背広一着、母親なら洋風ドレスの一着も買うには相当の勇気がいる。

隠される一億三〇〇〇万人の農民失業者

中国の農民たちの多くは、国から借りた農地だけを頼りにしていては、人間らしい生活を送ることは不可能だ。だからほとんどの農家は、出稼ぎや不安定な土木作業や低賃金の工場労働者として、農業以外の仕事に就かざるを得ない。失業する確率は非農家出身者と変わらないか、むしろ高いはずだ。

一六歳以上六〇歳以下の者で、農村戸籍を持ち、仕事をしている者と仕事をしたいが仕事のない失業者の合計、すなわち農村戸籍者の労働人口（農林漁業従事有職者＋失業者）は、推定で二億三六〇六万人もいる。

もしこの半分が、経営規模が小さくて生活ができない者、つまり失業状態にある者と考えると、中国全国の失業者数は、大幅に増えて一億二七八五万人に達する（九八二万人＋一億一八〇三万人）。失業率は、政府が公表している四・〇二％ではなく一五・八％、公式失業率の約四倍となる勘定だ。

農村戸籍者のうち失業者が半分を占めるというのは、過大な見積もりだと思われるかもしれない。しかし、政府統計によると二〇一六年においては全農村戸籍者のうち二億八一七一万人が農外従事者（これを農民工という。農村戸籍者の労働人口二億三六〇六万より多い理由は、農民工が一六歳以上六〇歳以下の者だけではないことによる）である。

彼らは都会の工事現場や運転手、ホテルや飲食業で働く不安定就業者といってもいい仕事に就いている者たちだ。就労条件や社会保障などの恩恵の面では劣る環境にある者が多く、しかも臨時雇用者が大部分だ。

そこで、この半分つまり約一億四〇八五万人が失業状態にあるとすると、これに政府の公式な失業者数九八二万人を足して、失業者数は一億五〇六七万人となる勘定だ。さきほどの一億二七八五万人よりは多いが、農外従事者の失業者数を加えて推計すると、大体このあたりに位置すると考えられる。

この推定が正しいとすれば、中国の失業者数は、都市戸籍者よりも農村戸籍者に多いことになる。

都市失業者も隠される

同時に、都市戸籍者の失業者がたった九八二万人というのも納得しにくい。八億六九九五万人が政府統計による二〇一六年の全体の労働力人口であり、かつ失業率が政府のいうとおり四・〇二%としても、失業者は三・三倍の三二四〇万人となるはずだ。

そこで、都市戸籍者の失業者数を仮に三二四〇万人とし、これに一六歳以上六〇歳以下の農村戸籍者の失業者数の一億一八〇三万人を足すと、一億五〇四三万人となる。この数字はさきほど挙げた一億五〇六七万人とほぼ同じになる。失業者数はやはり、一億三〇〇〇万～一億五〇〇〇万人のあいだではないかと思う。

中国の統計にはよくある話だが、関係する数字の正確な因果関係が不明確で、どの数字を中心にしてほかの数字を推計すればいいのか混乱することがある。

いまの例でいえば、とるのは四・〇二％の失業率か、九八二万人の失業者数か、ということである。しかし、そのどちらをとっても矛盾、つじつまが合わない。本来あってはならないことだ。

しかし、中国では、昼日中から道路脇の家の軒下で円陣を組み、マージャンやトランプといった賭けごとに熱中する村人は、いまや村々に共通する光景だ。これを見ても失業率がマージャンやトランプが労働に当てはまらない限り、四％どころでいいはずがない。

中国の問題の多くは、経済発展を始めた一九八〇年代から今日まで、未解決のまま持ち越されてきた。その代表的な問題が農業に関することである。農業がやっかいな問題である点は日本も似たり寄ったりなところがあるが、中国では日本の何倍もの問題が未解決のままだ。

その一つが、農業経営の所得だけで食べていける農民が実際にはほとんどいないことであり、大多数は出稼ぎや兼業所得なしでは生活していけないということだ。この点も日本と似ているが、やはり中国のほうが何倍も深刻だ。

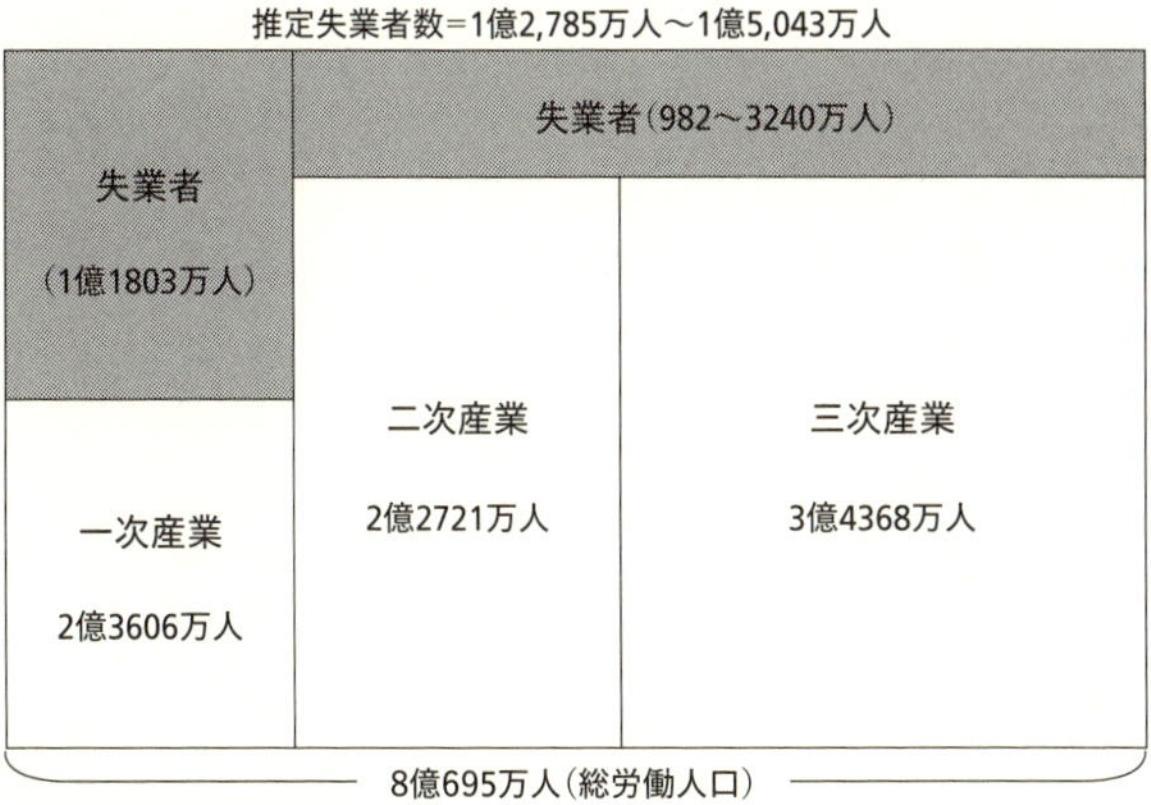

図9　労働人口と失業者数
中国統計年鑑より筆者作成。グレー部分は各産業に占める失業者数。

ただ多いだけの農民人口

図9のように、中国の二〇一六年における農民（第一次産業部門従事者）の労働人口は二億三六〇六万人もいる。このうち、農村に残る生産年齢人口（一六歳以上〜六〇歳以下）はほとんどゼロ、大部分は都会へ働きに出ている。農業所得だけでは、そもそも愛する子どもたちとの暮らしや家庭を維持できないからだ。

結論を先にいうと、中国の農民の労働人口は多すぎる。

細かな計算は省くが、総農地面積一億三五〇〇万ヘクタールを一人当たり三・五ヘクタール程度（所得が工場労働者並みになるための規模）、家族二人で七ヘクタール程度持つとすると、農業で生計を立てうる農民の労働人口はなんと、三九〇〇万人くらいで十分といえる。

現在の農民の労働人口は二億三六〇六万人だから、三九〇〇万人を差し引いた一億九七〇六万人ほどが数字上、職業的には過剰な農民の数となるだろう。

農民の大多数は、実際に農業では食べていけないので、出稼ぎに行っているから、自分自身が農業部門においては、過剰な労働人口であることを自覚している。

この過剰な農業労働人口、この先いったいどうなるのか、だれにもわからない。都会で、このまま安定した就労ができ、それが続けられればよいが戸籍制度が根本的に変わらないと、不安定な収入、不安定な立場のまま人生を終えてしまうかもしれない。

失業者隠しのわけ

さて、話を失業者に戻そう。

なぜ、中国政府は失業者数と失業率を低く公表しているのだろうか？　ここに、人心を騙すトリックの役割が隠されている。

政府が失業率を低く見せかける理由を、以下に箇条書きでまとめていこう。

写真3　毎早朝に、雇い主に群がる仕事探しの農民たち

①政府経済政策の成功を印象づけ、国民に対する雇用不安の解消と防止する。
②企業に対しては、好景気を印象付け、投資や生産刺激などを促す意図。
③共産党が指導する強い労働者国家作りに成功しているというアピール。
④国民に安心感を与えることができ、共産党への批判を削ぐことができる。
⑤失業率は省別に算出、公表されるので、低いほど、その省のトップの政策担当能力の評価が高まると期待される。

九　中国の農村国家と都市国家のトリック

一九七八年の改革開放以後

中国が、息苦しい社会主義の思想に固められた一九五〇年代から、世紀の大失敗ともいわれ、悪名高いことで世界的に知られている大躍進政策（一九五八〜六一年。数年間でアメリカとイギリスの生産力を追い越すことを目標にした運動。数千万に上るといわれる餓死者を出して終わった）や一〇年間におよぶ真相不明の文化大革命（毛沢東《もうたくとう》が若い人びとを煽動、毛沢東を批判する者、資本主義的な思想を持つ者、資産家とその家族を否定し、中国の共産主義化を推進しようとする一九六六年から約一〇年間続いた内戦のような運動。正確な人数は不明だが、一説では数千万人の犠牲者を出したといわれている）を経て、鄧小平《とうしょうへい》による資本主義の政策を取り入れた改革開放政策は、いまの中国の発展の始まりだった。

改革開放は、一九七八年から始まった。社会主義経済に資本主義政策を取り入れ、それまで閉鎖的だった海外との取引を大幅に解禁、資金不足に悩む国内経済を活性化するため、外国からの投資を受け入れ、国内産業の発展につなげようとした政策だった。この政策は成功した。中国の経済発展はこの政策をテコに今日まで続いている。

たとえば年間の経済成長率。四〇年間の平均が一〇%を超える驚異的な高さを誇ってきた。これには、戦後世界の奇跡ともいわれた日本もかなわなかった。

その理由として考えられてきたことは、前述した鄧小平による外資の積極的な導入、貿易の拡大、低賃金、巨大な人口、豊富な天然資源、広大な食料生産基盤、共産党政権による中華民族の団結、ロシアやアフリカなどの発展途上国との政治的、経済的協調路線、日本やアメリカなど先進国との外交関係の正常化などである。

しかし最も大きな理由は、農村を豊かにするはずの社会主義農業政策と経済成長期にも続けられた農民の経済や生活を犠牲にする政策トリックにあった。そのために、農民はいまなお疲弊にあえぎ、都市住民からの差別と格差にも泣いている。ここでは、そのトリックを解明したい。

ウサギと亀

このトリックは巧妙で、トリックをかける側もかけられる側も意識せずに行われる。亀はウサギに負けまいといくら走る練習をしても、どんなに足の遅いウサギより速く走ることは不可能だ。これと似たことが中国の格差社会を作り上げている。

中国には同居する正反対の二つの国家がある。それが、私が「都市国家」「農村国家」と呼ぶ二つの地域だ。この二つの国家はいずれも仮想上の国家だが、二国間の格差が解消されるまでには、なお時間がかかりそうだ。

図10の地図で説明すると、広い中国の東シナ海と南シナ海の沿岸部、ここには北から北京、大連、天津、南京、上海、深圳、広州といった人口一〇〇〇〜二〇〇〇万人クラスの大都市が並び、いずれも大きく発展している。そしてやや孤立感があるものの、内陸部には日系をはじめ世界中の自動車メーカー四〇社近くが軒を連ねる、大産業都市の重慶もある。これらの地域が都市国家だ。

もう一方の農村国家は、おおむねそれ以外の部分からできている。二つの国家の総人口はほぼ半々、領土面積は圧倒的に農村国家が広く、全土の総面積九六〇万平方キロメートルのうち八〇〇万平方キロメートルを占め、都市国家はわずか二〇数%の一六〇万平方キ

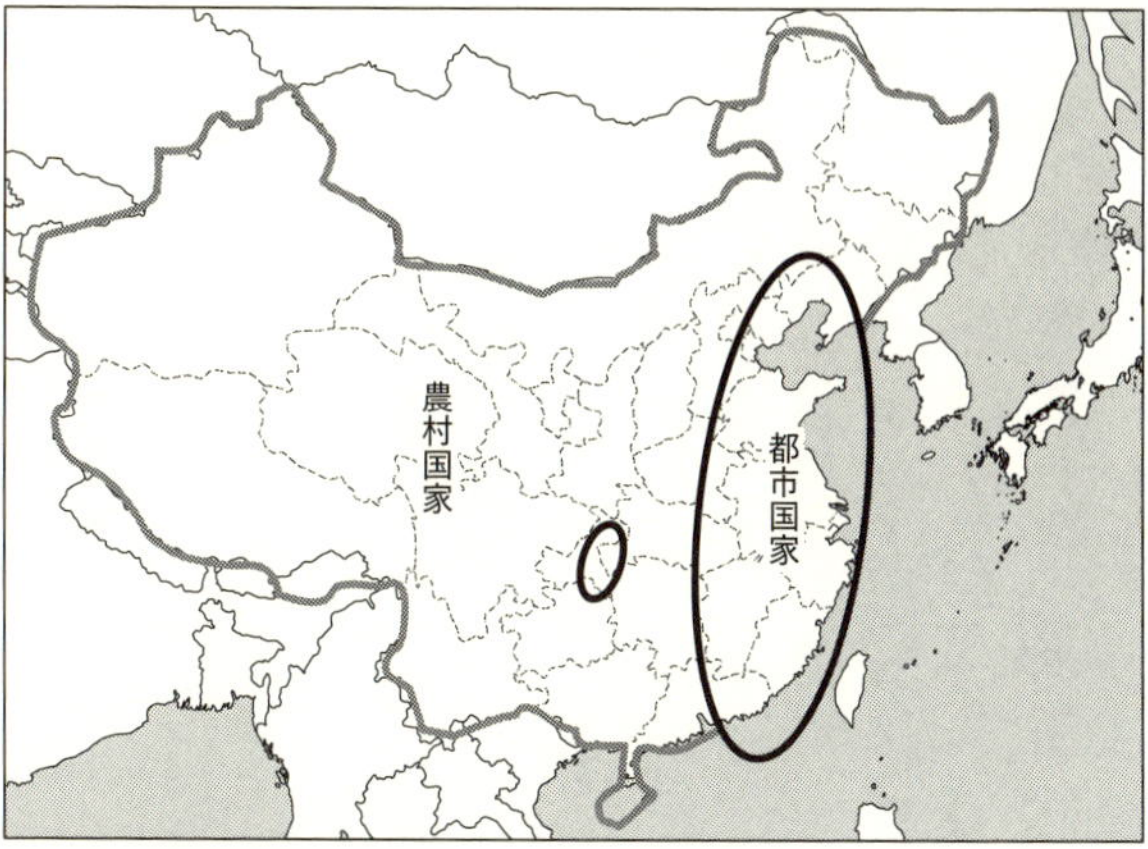

図10　農村国家と都市国家の分布

ロメートルでしかない。といっても、日本の総国土面積の四倍以上もの面積を持つ。

所得税や年金の掛け金などを除いて、年間の一人当たりの沿岸部の平均可処分所得（二〇一六年）は二万三八二二元（約四〇万円）、北京市五万二五三〇元（約九〇万円）、天津市三万四〇七四元（約五八万円）上海市五万四三〇五元（約九二万円）などはさらに多い。これに対して農村国家に属する地域は、たとえば甘粛省一万四六七〇元（約二五万円）、貴州省一万五一二一元（約二六万円）、雲南省一万六七一九元（約二八万円）、広西自治区一万八三〇五元（約三一万円）などと低い。

都市国家の中で最も高い上海市でも、たったの九二万円かとバカにしてはいけない。そもそも、中国と日本とではまだ全体の物価水準が違う。上海市の五万四三〇五元という金額は、購買力平価で計算して日本に当てはめると、沖縄県の一世帯当たりの県民所得とおよそ同じ二〇〇万円くらいになるのではないか（たとえば中国と日本の、コカコーラ一缶三三〇ミリリットル入り小売価格が中国で三元、日本で一二〇円とすると、一元＝四〇円となるので約二一七万円）。

地域の所得格差と小銭

しかし、ここで注目してほしいのは、可処分所得が最も高い上海市と最も低い甘粛省との差は三・七対一もあるということだ。

日本の県民所得の場合、全国平均三〇六万円（二〇一六年度）、最も高い東京都で四四三万円、最も低い沖縄県二一〇万円。感覚的な差は小さくないが金額上の差は二・一対一で、中国に比べると、それほど大きな格差ではない（都道府県別の所得関係統計による）。

中国には、非常に豊かなところとそうではないところ、いわば正反対の二つの国家が存在するのだ。それが仮想上の国家ではあるが、先ほどの図10に見る都市国家と農村国家なのだ。

また、こんなことにも気付くことがある。

中国の首都であり、都市国家の中では上海市につぐ豊かさを誇る北京市では、スマホ決済によってキャッシュ・レス社会が生まれる前から、中国の小額単位貨幣の一角（一元の一〇分の一）や五角は使える機会がほとんどなくなっていた。

ちょっとした旅行期間中に、量り売りをする果物や食料品を買うと、一元未満の価格が付いている場合があり、釣り銭を受け取ると、こうした少額補助貨幣が溜まりに溜まり、財布を重くする。しかし、タクシーや地下鉄、レストランでの食事、たまに街角で買うペットボトル、これらの日常で払う代金には、元未満の端数はかぎられる。

これに比べ、農村国家の農村部では、これらの小額貨幣を使う機会は多く、財布からどんどん逃げていくので、財布は軽くなる一方だった。

農村国家の商品の価格は、都市国家のそれに比べてかなり安い。表面的には価格が安いだけと映るが、もっと深いところでは、都市国家が農村国家に対して、経済力の優位性を持っているためなのである。

国家だから、労働、モノ、カネの移動の面で、この二つの国家間のあいだには、日本と中国とのあいだと似たような取引関係がある。農村国家からの出稼ぎ、野菜の出荷、都市国家からの所得や送金の受け入れ、そして、二つの国家のこれらの取引には、事実上の為替レートが仲介機能を果たしている。

トリックのトンネル

国家にはそれぞれ、経済上の力を反映する為替レートがある。経済水準の高いほうが強くなり、低いほうが弱いという国際的なルールが働く。

中国に当てはめると、農村国家は弱く、都市国家は強い。さきほどの所得格差を参考にすれば、農村国家の経済的実力は、都市国家の三分の一くらいではないか。

さらに言うと、経済力が三倍強い都市国家は、自分より弱い農村国家に対して、何でも自分に有利に取引を進めることができるということだ。

たとえば、都市国家の住民が持っている一元は、都市国家では一元の価格の商品しか買えないのに、農村国家へ行くと、三元分の商品が買える。

もう少し話を進めるために、便宜上ここでは、都市国家の通貨のことを都市元と呼び、農村国家の通貨を農村元と呼ぶことにしよう。ウサギと亀の話に戻れば、ウサギが都市元、亀が農村元だ。ではこれで何がわかるかというと、都市国家による、農村国家に対する見えないまま進む労働と富の収奪がわかるのだ。

経済格差の大きいこの二つの国家の実質的な為替レートは一都市元＝三農村元だ。もし実際に、都市元と農村元という二つの通貨が存在し流通していれば、両者はその格差を納得して、この為替レートを通じて、経済的な格差を反映したヒト、モノ、カネの取引を行い、その意味では強さも弱さも打ち消して、平等で、バランスのとれた取引をすることができるはずだ。

ところが現実には、中国に都市国家と農村国家という区分は存在しないし、異なった通貨、都市元も農村元も実在しない。あるのは、国の公式な通貨である人民元のみだ。豊かな地域と貧しい地域同士が、それぞれの経済実態を反映できない、ただ一つの通貨で取引を行っているのが現実だ。さらに、人民元は強国、中国を支配する都市国家の通貨なのだ。

この結果、農村国家は都市国家から一元をもらって、あるモノを売る場合、実は三倍分のモノをとられている。この取引は毎日のように起きている。出稼ぎの給料も同じことだ。本来ひと月で九〇〇〇元もらえるはずなのに、可哀そうなことに、実際には三〇〇〇元しかもらっていないというようなことが起こる。

こうして、農村国家の労働の価値や富が格差のトンネルを通って、日々、都市国家から奪われている。トリックのトンネルだ。

農村国家が都市国家より経済力が弱く、格差が続くのは、農村国家が貧しいためではなく、都市国家が農村国家を収奪する装置、低食料価格、低農民労賃という有利な装置を使い続けているからなのだ。

中国ではこうした状況が、当たり前のことのようにだれにも批判されず、問題にもされないまま、何十年間も続いている。

一〇　成長率ダウン下でも伸びる豊かさのトリック

速すぎた成長

中国では経済成長のスピードが速すぎて、人びとの心や生活スタイルがついていけていない現象を見ることがしばしばある。

たとえば新幹線建設の速さは、目を疑うほどだった。その総距離は日本の数十倍。しかも、スピードが常時、時速三〇〇キロ以上と速い。日本の新幹線は蛇行するように走るが、中国の新幹線は大地をほぼまっすぐに走るからだ。土地が公有なので、直線の線路のための用地取得がたやすくできる。日本の新幹線のグリーン車に当たる一等車は乗るたびに満員の状態だ。

空港も同じこと。世界最大になるといわれる、北京首都第二空港が完成するのは二〇一九年だという。いまの首都空港の第三ターミナルが完成したのは北京オリンピックのあった二〇〇八年、世界中の航空会社が乗り入れ、二〇一六年の内外の利用者数は世界二位で約一億人に上る。日本で利用者が最も多い羽田空港は世界五位の約八〇〇〇万人で、その差は約二〇〇〇万人もある。

中国の空港の数は約五〇〇箇所で、日本の約一〇〇箇所（飛行場を含む）の五倍に上り、いまなお新しい国際空港が各地で建設され続けている。最終的には、いまの一〇倍の五〇〇〇空港が目標という。

私は短期間ではあるが、農村調査などのために、中国各地を訪ねる機会が年に数回はある。国内線のビジネスクラスは中国人ビジネス客が大部分で、こちらも乗るたびにいつも満席だ。

ホテルも同様で、この数年で大きく変わった。それは、五つ星のホテルに泊まると、以前は外国人が占めていた宿泊客が、いまや現地の中国人が大部分になったということだ。

街を走る高級車の増加も大きな変化だ。中国人が好むクルマにはいくつかの特徴がある。高級車、大型車、色は黒、欧州車、厚いドア、頑丈そうな作り、燃費は気にしない、などである。こうした中で、日本車は、高級車とはみなされていない。大衆車のやや上位のクラスといったところではないか。

好む特徴の中で、やや説明を要する点は厚いドア、頑丈そうな作りだと思う。なぜこうした点が重視されるのかというと、側面からの衝突や横転の際の身体防護力強化のためだ。実際にこうした車に乗ってみるとわかるが、厚いドアの車は、降りるときにドアが重くて開けにくい。それでもこうした車を好むのは、それだけ自動車事故が多いということかもしれない。

話が脇道にそれるが、中国で日本車は事故に弱いと思われている。ボディーに使われている鉄鋼が薄くて軽いというのがその理由だが、これは誤解だと思う。消費者に広がった評判は容易に消えるものではなく、日本車のセールスマンの苦労はかなりのものだろう。

こうした例は、中国が経済発展を果たし、豊かになった証左でもある。それは喜ばしいことであるのかもしれない。日本や韓国に対する羨望が消え、残すはアメリカのみ、となったところから来る自信が、服装、装飾品、携行品にも現れている。

成長と心のアンバランス

ところが、中国滞在中に、一度や二度はかならず遭遇する、ある事態は昔のままだ。

電車の中であろうと、あたりかまわず傍若無人に同乗の仲間と大声でしゃべりあう人々。

携帯電話での大声の長話。親が放ったらかしにするので、これ幸いと車内で騒ぎ回る子どもたち。ホテルでは、一般的な就寝時刻を回ってからでもドアを開けっぱなしで大声で話し、ここでも運動会よろしく子どもたちが廊下を走り回る。さらには、別の部屋の宿泊客を大声で呼び出す同宿者の甲高い声。

文化なのだから仕方ない、黙って受け入れるべきだという人もいるかもしれないが、なかなかそういう気分にはならない。

やり返そうにも、こちらは一人旅。ならば、騒がしい宿泊客におとなしくさせるよう、ホテルの客室担当者に頼めばよいではないかと言うかもしれないが、そんなサービスはしてくれない。そもそも、宿泊客が「うるさい」というのはルール違反の範疇に入らない。それどころか、「うるさい」ということを気にするほうが中国では異常者だと思われる。相手にとっては、一連の行為が習慣に属することであるかぎり、彼らに「報復」を受けている気持ちは生まれないし、なんの制約にもならない。つまりどんなことをしても、無駄なのだ。

中国の交通ルールでも同様のことが起こる。どこの国でも歩行者優先はドライバーが最初に守るべき鉄則のはずだが、中国ではそうはいかない。現実はクルマ優先社会なのだ。

たぶん、交通法令にはちゃんと歩行者を優先すべきだと書いてあるはずだが、なぜかクルマのほうが偉そうな顔をして走っている。横断歩道を渡るにも、クルマが走り去ったあとに渡るのが鉄則だ。そうでないと、身の安全が守れない。

人口一人当たりの交通事故発生件数、そのうちの事故発生後一定期間のうちで起きた死亡件数、どれをとっても世界一だ。死亡事故件数も、日本の四倍も起きている。

こうしたことは、新しいモノの登場や爆発的な新技術の普及にもかかわらず、人びとの気持ちや社会的ルールが旧態依然のままで、時代遅れのために起きていることではないだろうか。もっとも、やがて人間のほうもその遅れを取り戻す時期が来るはずで、すでに、遅れを取り戻し、時代の先をゆく進歩人も現れ始めている。

悪書と「中国崩壊」

さて、その発展した中国について、日本の書店では、中国経済が明日にでも崩壊すると「予言」する本がいまなお氾濫している。中には、崩壊は既定の運命であるかのような、見るに堪えない表紙をかぶるものまである。

勉強のために、軽い気持ちで読むこともあるが、根拠の薄い荒唐無稽なものや、感情むき出しで、結論ありきのものもある。

多くの中国崩壊本の著者たちが頼ったのは、経済成長率がダウンしたことや、二〇一五年に五〇〇〇もあった上海総合株価指数が三〇〇〇台に急落したこと、そのほかにも住宅価格がやや下がったとか、売れ残りがあるといったデータがその論拠であった。

データは確かにみな悪化していた。しかし実際はどうかというと、いまや中国のGDPの五四%を占める消費は、爆発的な勢いを見せている。

二〇一七年の一一月一一日、この日は、いつしか中国で「独身の日」と呼ばれるようになった日だが、午前〇時ともなると、若者が一斉にインターネット通販での買い物に突進し、一日で一六八二億元（約二兆九〇〇〇億円）も売り上げた。

日本の一日当たりの消費額は八一〇五億円（二〇一七年）だから、この日一日だけで、日本の三倍以上という驚くべき売上額を記録した。これだけではない。この数字、毎年新記録を更新し、世界の中国ウォッチャーの度肝を抜き続けている。

実は強い中国

年間のGDPに占める二〇一六年の消費額は約四〇兆元（約六八〇兆円）、これだけでも日本のGDP全体を一〇〇兆円分も超える大きさだ。

しかし、さすがに人口大国、一人当たりの年間GDP（二〇一六年）は五万三七七七元（約九一万円）、消費額は二万八九二二元（約四九万円）と、日本人の一人当たりの数字と比べれば、両方ともまだ低い水準にあるが、今後さらに中国の人口は増加し続け、GDPの増え方はそれよりも早いと見込まれており、一人当たりGDPも消費額も、徐々に増えると予想する専門家は多い。

こうした例からもわかるように、中国経済は実は弱そうで強い。就任前は強気だったアメリカのトランプ大統領、領有権を争っていたフィリピンやマレーシアなどの南シナ海関係国、ミサイル防御システム、サードの配備で中国に対して強硬な姿勢をとった韓国、いまや、いずれの国も中国マネーに情けない姿で屈した。その背景にあるものは中国のこの強さだ。

いま起きつつありそうな米中貿易戦争も、中国の勝利は堅いと私は見ている。中国は、世界一のアメリカ国債投資国という金質（人質ならぬカネ質）を握っている。これは、絶対的な武器だ。

では、こうしたデータがあるにもかかわらず、なぜ中国崩壊論者は、中国の実体をいとも簡単に見誤ってしまうのか？　それはGDP成長率の持つ宿命的な欠陥にこそ、最も大きな原因がある。

GDP成長率とは、いうまでもないことだが、今期（ある三か月間の合計）、今年（中国は一～一二月計、日本は暦年と年度）のGDPの名目と物価上昇率を引いた実質を前期（前の年の同じ三か月間）、前年（前の年一年間）と比べて、何％増えたか減ったかを表現したものだ。たとえば、「前期比、名目で三・五％、実質で二％」とか、「前年比、名目で八％、実質で六％」とか表現される。

今年のGDPが前年比、名目で五％の伸び、実質で四・五％の伸びだったとしよう。金額で示した今年のGDPは五〇〇だとする。ここから、前年のGDPをさかのぼって算出すると次のような結果になる。

前年の名目GDPは四七六・二（五〇〇÷一・〇五）。前年の実質GDPは、この期間に物価上昇がなければ名目と同じ四七六・二。また、この一年間の物価上昇率が〇・五％だとすると、物価上昇分を差し引くので、今年の実質GDPはこの〇・五％分、二・五を差し引いた四九七・五である。これは前年のGDPに対して四・五％伸びた結果なので、前年のGDPは四七六・一（四九七・五÷一・〇四五）。上述した前年の名目GDPにほぼ一

	実質GDP（億元）	GDP成長率（%）	左の1%当たりのGDP（億元）	2006年を基準とする左の倍率（倍）
2006	211,148	12.7	16,626	1.0
2007	241,196	14.2	16,986	1.0
2008	289,330	9.7	29,828	1.8
2009	320,103	9.4	34,053	2.0
2010	413,030	10.6	38,965	2.3
2011	452,430	9.5	47,624	2.9
2012	487,976	7.9	61,769	3.7
2013	525,835	7.8	67,415	4.1
2014	564,194	7.3	77,287	4.6
2015	689,052	6.9	99,863	6.0
2016	735,149	6.7	109,724	6.6

表4　中国のGDPの推移とその真実
中国統計年鑑より筆者作成。なお本図表内の実質GDPとGDP成長率は接続しない。

致する。

ＧＤＰの伸びを一年あるいは半年間程度の間隔で見る場合は、なんの問題もなく、欠陥が生じることもない。

ところが、ＧＤＰの伸びを見る期間が五年とか一〇年とか、長期間にわたる場合にはそうではない。中国のＧＤＰの成長率を見る期間をたとえば二〇〇六年を起点に、二〇一六年までの一〇年間としよう。これを表で示したものが表４だ。

ご覧のように、実質ＧＤＰは毎年大きく膨らんで、二〇〇六年から二〇一六年までの一〇年間に、年間二一兆一一四八億元（約三五八兆九五一六億円）から七三兆五一四九億元（約一二四九兆七五三三億円）へと約三・五倍

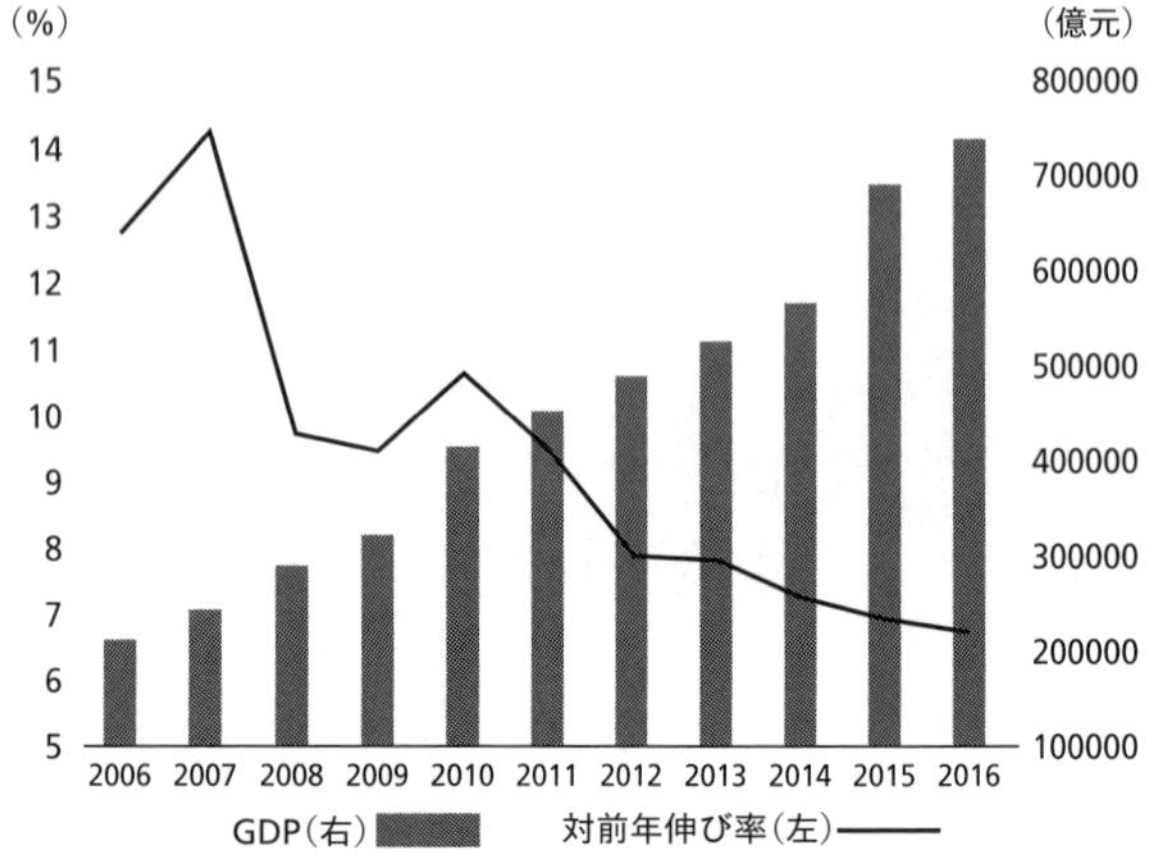

図11　実質GDPと成長率

に増えた。日本の場合、成長が止まったままで、年間のGDPは中国の三分の一程度にまで落ち込み、残念なことにその差は開く一方だ。

成長率だけでは間違える

この一〇年間の中国のGDPの膨張ぶりをグラフにすると、図11のようになる。折れ線は毎年のGDP成長率を示し、棒グラフは実額だ。

中国経済崩壊論を声高にさけぶ人たちは、GDP成長率の低下、特に二〇〇六〜一一年までは二桁か、それに近い高成長だったのに対して、二〇一二年以後急速にスピードを落としたことをその根拠にすることが多い。

確かに彼らの言うとおり、GDP成長率は低下している。これらの図と表にはないが、過去四〇年間の平均二けた台の伸びに比べ、最近の成長率の大きさが急速に縮小していることは事実だ。だが、それを理由に、中国経済が崩壊すると見るのには、どうしても無理がありすぎる。実態はその逆なのだ。

表4をもう一度見てほしい。％で表すＧＤＰの対前年成長率は減っているが、対前年成長率一％当たりのＧＤＰの実額は、毎年大きく増え続けている。

ＧＤＰの伸び率一％は、二〇一六年は一〇兆九七二四億元（約一八六兆五三〇八億円）、二〇〇六年はわずか一兆六六二六億元（約二八兆二六四二億円）、この一〇年間に約六・六倍にも膨らんでいるのだ。簡単に言うと、二〇一六年のＧＤＰ伸び率一％は、二〇〇六年の伸び率の六・六倍にもなることを意味する。

ＧＤＰを成長率の数字だけで見ている人は多いが、この点に気付く専門家は中国にも日本にもほとんどいない。

最近のＧＤＰの成長率自体は確かに下がっているが、いまの一％は昔の一％の何倍も大きいので、成長率が下がったからといって、ＧＤＰの規模自体が縮小したわけではないし、ＧＤＰの増え方が減ったわけでもない。その増え方は何倍も大きくなっているのが現実で、成長率は縮小してもＧＤＰの規模はさらに膨張し続けているのだ。

その意味では、むしろこう表現すべきだ。中国のGDPの増え方は尋常でなく、二〇一六年の増え方は世界一八位のGDPを持つオランダ一国の経済規模を上回る勘定だと。成長率だけに目を奪われると、中国の本当の実力を見そこないかねない。

二　加工食品、健康そっちのけのトリック

食べものがおいしすぎる

中国へ行くたびに、宿泊先のレストラン、街の食堂、お世辞にもあまり衛生的とはいえない村の安食堂、さまざまなところで中華料理を食べる。そのたびに、不思議と、まずいと思ったことはない。むしろ、うまいうまいと食べることがほとんどだ。

日本の食堂はまずいところはまずいし、ラーメン屋やカツ丼屋は、どこでもうまいとはかぎらない。これはどういうことだろうか？

中国数千年の歴史は、食べものや調理人の舌の中にも蓄積され、まずいものができない調理法を身に付けたのか？

そういう店もあるかもしれない。しかし、昨日、今日始めたばかりという食堂もあるはずなのに、客にまずさを感じさせる店に当たったためしがない。確率論からいっても、ま

ずい店は本当に少ないのだ。

中国の加工食品の生産量と輸出量は世界有数である。とくに生産量は、世界一の品目が並ぶ。中国政府によると、二〇一五年の国内向け食品販売額は一一兆三五〇〇億元（約一九三兆円）、輸出額三八〇〇億元（生鮮品を含む。約六兆四六〇〇億円）と莫大だ。

日本の食品輸入額が最も多い国はアメリカ、第二位が中国だ。アメリカからの輸入は穀物や豚肉が中心だが、中国からは、野菜や食品加工調製品などが多い。中国は、ほかの国に対しても、多くの加工食品を輸出している。しかしその中身を注意深く分析すると、そこに隠された驚きの事実が明らかになってくる。

おいしさ汚染

「おいしさ汚染」とは現代中国の食品全体に起きている現象で、これにより、人びとの舌は、どんなものを食べても、そこそこにおいしいと感じるように変えられてしまった。

安全性や栄養、鮮度などの最も重要なことを脇に置いて、まずはおいしいかどうかを食べものの評価の最優先基準とする食文化が膨張した結果でもある。飽食の時代を下地に生まれたこうした食文化が、さまざまなところで進む食品汚染を隠すような働きをしている。

これを指して「おいしさ汚染」と呼ぶ。

おいしさと健康は、往々にして反比例するものだ。こんな言葉がある。「健康破壊的なものはおいしい」と。これは中国にかぎったことではない。

おいしさ汚染が大きな問題なのは、このことが、ほとんど意識されておらず、そこに問題があるという疑いが生まれにくい状況を作り出していることだ。

もう一つ、食品汚染の氾濫を抑えることができない理由は、人間の空腹に弱いという非常に単純で動物的な習性のせいだ。人間のあらゆる本能の中で、食欲ほどコントロールできないものはないかもしれない。

人間のこの習性は、空腹であればあるほど狂暴になり、理性の力でも抑えることができない。ひとことでいえば、空腹になれば、人間は何でも食べる生き物ということだ。

このような隠しがたい習性を持つ人間ではあるが、牛のように、いつも何かを食べているわけではない。普通なら食事は日に三度だ。四六時中、休みなく食事をしている人間はどこにもいない。つまり食事をするのは空腹だからだ。

そして空腹なときに、目の前にたくさんの食べものが並べられ、それぞれがおいしそうな香りを漂わせていれば、その安全性を疑う心はなえる。目の前の回鍋肉《ホイコーロウ》に、残留農薬や有害着色料がどのくらい含まれているか、食べても大丈夫なのか、といった疑いは生まれない。

空腹には勝てず、まずは一口、続いて二口、ついには全てを食べきり、皿の底には醬油と油の成分だけが残る。これで空腹は収まった。回鍋肉にかぎらず、おいしそうな食べものに人は弱いし、空腹のときには安全性など疑わずに食べるのが習性というものだ。食品汚染を解消できない大きな理由の一つは、かならず襲ってくる空腹感にある。こうしてそこに本来存在する食品汚染の問題は見過ごされる。

さらに深刻なのは、現代の食品汚染は食品の表面的な汚染だけでなく、食品の原材料や中間原料の内部深く溶け込むように、物理的、化学的にしみわたるように広がっていることにある。

デジタル食品汚染

デジタル食品とは機械や金属部品でできた食品のことではない。原材料生産地（国）、複数の原材料成分、添加物製造方法などが不明な加工食品のことだ。

現代の加工食品は、さまざまな国から集められた原材料や中間加工食品が、スマホのように、最終的にある工場で組み立てられて一つの製品になったものだ。加工食品の入った袋の成分表示を見てみればよくわかるが、正体不明の内容物が多く含まれている。

「複合汚染」という言葉が流行したことがあるが、現代の食品汚染はこれと比べものにならないくらい巧妙に進化しており、複数の国で作られた、多種多様な汚染物質、汚染原材料が混ざりあって食品を構成している。これを私は「デジタル食品汚染」と呼んでいる。

とくに加工食品は、残留農薬や重金属（カドミウム、水銀、ヒ素などの有害物質）、有害添加物などの負の成分と、健全な食品成分やビタミン、ミネラルといった各種の栄養素などの正の成分とが、引き離しがたく結びついており、それによりおいしさを感じさせるのだ。

しかも、よりおいしさを感じさせようと、人工うまみ調味料などの有害な添加物が大量に使われている。そうでもなければ、いくら空腹だとしても、どこの店でも味は同じでおいしい、なんていうことがあるはずがない。詳しく知りたい方は拙著『デジタル食品の恐怖』（新潮新書）をぜひ参考にしていただきたい。

たとえていえば、水は、水素二つと酸素一つが結びついてH２Oという化学式で表示されるが、デジタル食品も同じく、図12のように、汚染物質と食品成分やビタミン類が互いに切り離せないように固く結びついて、新たな物質を作り上げている。仮に汚染物質の記

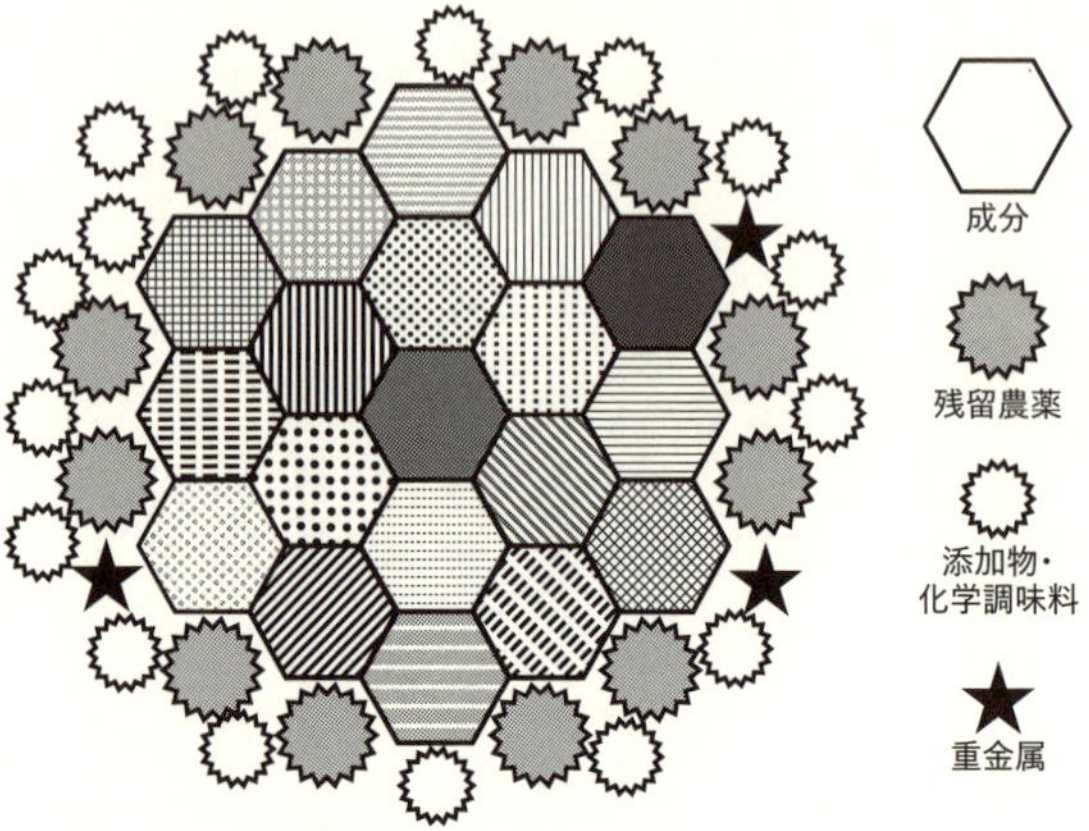

図12　デジタル食品の内部構造

号をP、栄養成分をN、ビタミン類をVとすると、P3N2Vといった化学式で表すことができるくらい、汚染物質が食品の成分（脂肪、炭水化物、塩分、鉄、カルシウム、アミノ酸など）などに溶け込み、くっつきあっているのだ。これが、食品汚染の原因を作っている。

人工的、化学的に作り上げたおいしさ、これも本質的には食品汚染の一つではないだろうか。そして、それなしではおいしさを感じられなくなった舌は麻痺同然となり、本来の食材の持つ味覚をとらえる神経は消え、化学の味をアヘン患者のように求める。これはもう中毒だ。中国の食品のおいしさの正体がここにあり、さまざまな物質の混ざりあったところにトリックがある。

実際に溶けあった物質はいちいち区分できないので、これらを一つひとつ化学式で示すことはできないが、それほどまでに一体化し、溶けあっており、洗ってもとれるものではないから、人体に入ってくることは避けられない。

特に中国産の加工食品は、物理的理由と食文化的理由からほかの国に比べ、この問題が起きやすい構造にある。

物理的理由のうち、大きな問題は、まず中国の土壌の汚染の深刻度が大きいこと、そして、中国が食品を輸出する一方で、数多くの加工食品の原材料を非常に多くの国から輸入していることだ。土壌汚染の問題はもちろんだが、そうして輸入した原材料の産地や質、製造の過程がはっきりしないために、加工食品の安全性を脅かすリスクが高くなる。

また、食文化から来る理由としては、前述したように、中国では食の安全性よりも、まずはおいしさを優先することがある。また日本で起きた水俣病やイタイイタイ病のような公害病が表面化しなかったことや、食品の安全性を気に留める余裕が出るほど食料が豊富になったのがここ二〇年と、食品汚染を疑う歴史が浅いことなどを挙げることができる。

中国の加工食品は複雑すぎる

中国の加工食品は、名称の付けようのないほど複雑で、食品成分の分類ができないほど混ざりあった原材料からできている。こうした原材料は、貿易の際の名称として「その他の調製加工食品」などと表現される。

左の二枚の写真は、中国のあるレトルト加工食品（正式にはレトルトパウチ食品と呼ぶ）の中身を一〇〇〇倍で撮影した顕微鏡写真である。別々の袋に入ったもので、中国のあるスーパーで、日本円にして一〇〇円程度で買ったものだ。いずれも高熱殺菌をしてあるはずだ。

上の写真4には白っぽい物質を基盤に、透明のコメ粒のような形をしたもののほか、黒い粒状の物質が多数見える。少数ながら黒い線状の物質も見える。そのほか、多数の点状の物質が見えるが、これは脂質または加工用の食用油が固まったものと推定される。

下の写真5には、角状のもの、半円形のもの、ゴマのように細かい粒状のもの、そして一面に広がる白っぽい物質も確認できる。このほかにも、多くの種類の物質や液体が混ざっていることが見てとれる。

この二枚の写真が物語ることは、簡単にいえば、加工食品の原材料や食材は、確認できないほど多種類におよび、それらが溶けあっているということだ。

　中国における、この二枚の写真のような加工食品の二〇一六年の輸出額は三二億ドルと世界トップクラスだ。その最大級の輸入国が日本だ。食品の安全性を最優先して、健康寿命を延ばす努力は、国を問わず、今世紀の人類共通の課題だ。

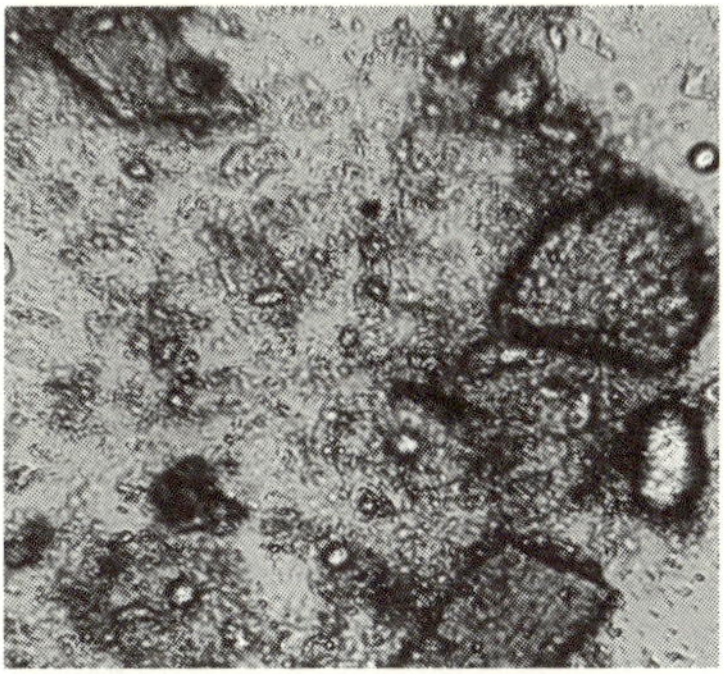

写真4　倍率1000倍の顕微鏡で見た加工食品画像1

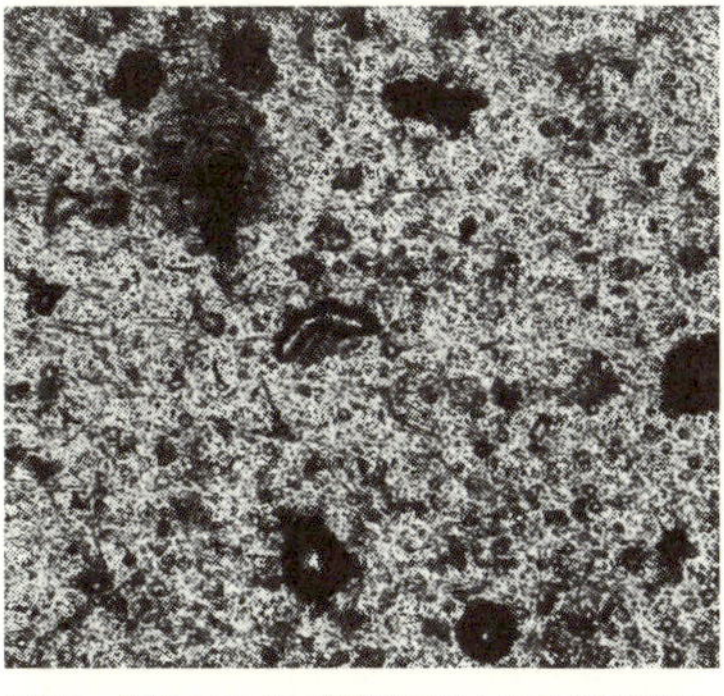

写真5　倍率1000倍の顕微鏡で見た加工食品画像2

三　異常に膨れる投資のトリック

実はバラマキ

中国の経済成長モデルは、日本がたどった道。投資が投資を呼ぶ道を歩んで奇跡といわれた高度経済成長を達成したのとよく似ている。この場合の投資とは、工場設備、道路、空港、港湾、住宅などへの固定資産投資だ。お金もかかり、投資の期間も投資の利益を回収するにも長い時間を要する投資だ。過去の日本と違っている点があるとすれば、投資の異常なほどの膨れ方だ。

固定資産投資は、新しい付加価値（ある投資を加えた経済活動の結果、新しく社会に生み出された利益）を生むから、経済規模を大きくし、個人の所得を増やす働きをする。

いまの時代、どの国も景気対策の手法は似たり寄ったりだが、細かく見ると、国ごとには特徴があることがわかる。

たとえば日本は、比較的古い手法を守っている。そのやり方は、国会で補正予算を成立させ、さまざまな分野にお金をばらまくというものだ。これはもう古すぎて、ほとんど役に立たない。

その次にとったのが、アベノミクスともてはやされたやり方だが、これは銀行や民間企業があり余るほど持っている日本の国債を日銀が買いあさり、かわりに、銀行を使って山ほどの現ナマを民間に流すやり方だった。

このやり方は民間に現ナマがないか不足していることが前提だが、日本の金融市場はそういう状態ではなかったので現ナマがあふれてしまい、その価値が下がっただけで、GDPはさっぱり増えなかった。日本のお金である円の価値が下がって、言い方を変えると安くなったので、日本から海外への輸出が増える利点はあったが、それは輸出する商品を持っている大企業だけの利点だった。

日本のこうした経済政策に対してアメリカの場合は、税金を安くしたり銀行の金利を引き下げたり、日本のように、中央銀行が直接、民間にお金をばらまくようなやり方はとっていない。以前は、日本と同じようなやり方だったが、景気対策として効果がなくなったのでやめたのだ。

では中国はどうか？

日本とアメリカそれぞれのやり方を足して、二で割るようなやり方が一般的である。しかし、どちらかというと基本はお金をばらまく日本のやり方に近い。

高速道路や新幹線、大規模空港建設など、インフラ建設にお金をかけ、景気を刺激するやり方を基本に、税金を安くするやり方もけっこう使われてきた。

資産課税なき税制

経済政策に深く関係する中国の税制度は複雑だ。個人や企業にかかる所得税や消費税(日本でいえば宝石、金製品など高価な贅沢品にかかる税金)、増値税といわれる中国独特の流通段階で生まれる税金などが主なものだ。

税負担はけっして軽くないので、減税すると、消費や投資を刺激する効果が現れやすい。環境悪化を防ぐためとして、最近、中国政府はエコカーの普及に力を入れているが、この車種を買うと負担が下がる税制度を採用することなどがそれである。また、直接に価格補助をして、購入者が安く購入できるような政策も手厚い。

ただし、よく見ると日本にあって中国にはない税金もある。たとえば固定資産税や相続税は、導入の検討はされているが、まだ実現していない。

　これには理由がある。固定資産税や相続税は私有財産にかかる税金だが、中国は社会主義国という建て前があるので、不動産などの私有財産制度は否定される。私有財産制度がないから、個人名義の不動産は存在しないことになっているのだ。

　最近は住宅の個人所有が増えたので、私有財産を持つ世帯が増えた。だから、固定資産税や相続税があってもおかしくない時代になった。しかし、私有財産制度は社会制度として存在しないという建て前が生きていることに変わりはない。

　だから工場設備や土地など、投資された固定資産に対して、固定資産税がないので、経営上の金銭負担は軽くて済むメリットもある。

　固定資産税がなくて、どうして、企業の設備などの有形固定資産に減価償却制度があるのかという疑問もあるだろう。矛盾である。

　減価償却制度とは、もともと工場設備など、固定資産を長期的に使っていることから生まれる価値の減耗（設備を使うと設備の価値が生産物に移転するのでその分の価値が減ること）分を損金として扱い、その分、企業の表面上の利益を下げることだ。

　これまで中国では、さまざまな固定資産投資が際限なく、大規模に行われてきた。中国の企業、組織、個人、政府、農家を含むあらゆる経済主体などによって行われたすべての固定資産投資（新規建設投資、設備の購入、建物の改築、道路やクルマの修繕、工場設備や道路の補修など）、これを中国では「全社会固定資産投資」と呼んでいる。

「全」とは、単純にいうと、農家の投資と非農家の投資とを分ける習慣のある中国で、この二つを合計した投資額のことだ。このような経済用語は、中国独特のもので、日本人はこういう発想をしない。

中国の経済統計制度はややこしく、似たような表現の統計指標が非常に多く使われている。投資に関連するものだけでも、固定資産投資額（各月）、固定資産投資完成額（各月）、そしていまの全社会固定資産投資（毎年）、それに資本形成総額（四半期、毎年）と四つもある。

このうち、固定資産投資完成額は固定資産投資つまり生産能力を大きくするためや既存の企業設備を改良するための投資計画のうち、年末に投資が完成したもの、つまり竣工したものを指す。

注意しなければならないことは、固定資産投資完成額には、完成したあとでその固定資産が生む予想利潤が含まれている点である。なぜ予想利潤を含めるのかはわからない。

固定資産投資額とは、未完成部分を含む固定資産の建設および固定資産の購入額、それに関連する費用の総称である。

固定資産投資完成額と固定資産投資額を比べると予想利潤を含める分、固定資産投資完成額のほうが大きい。二〇一二年のそれぞれを比べると（統計的に比較できるものは二〇一二年のデータしかない）固定資産投資額は三六兆四八五四億元で固定資産投資完成額三七兆四六九四億元。固定資産投資完成額は予想利潤を含むとすれば、その差である九八四〇億元（約一六兆七三〇〇億円）、固定資産投資完成額の約二・七％部分がその利潤に当たるものと考えられる。

資本形成総額とは、日本でいう国内総資本形成のことだ。

資本形成総額は三面等価の原則（生産された付加価値額＝分配された付加価値額＝消費された付加価値額。三面とはこのように、付加価値の金額が、生産＝分配＝消費であることを意味する）という方法で測ったGDPを構成するもののうち投資に等しいもので、GDP全体から消費（民間消費＋政府消費）と純輸出（モノとサービスの輸出合計から輸入合計を引いたもの）を引いたものがこれに当たる。だから資本形成総額とは、一年とか半年とかいう一定の期間に、ある国が、新しく作り出した固定資本の価値（付加価値固定資本）ということができる。

言い方を変えると、中国にかぎらず、ある期間に、新たに積み上がった純粋な固定資本であり、この額が大きいほど、その国の固定資本総額が積み上がり、国全体の生産力が上がる意義を持つ。

資本形成総額は「全社会固定資産投資」の五四％

ところが、全社会固定資産投資はこれとはまったく別物だ。二〇一六年の一年間、全社会固定資産投資は約六〇兆六四六六億元（約一〇三一兆円）という巨額だった。この内訳は固定資産投資（農家が行った投資を含まず）が約五九兆六五〇〇億元、同じく農家の投資約九九六四億元である。

図13は、一九九五年から二〇一六年までの全社会固定資産投資の増え方が、いかに大きいものだったかを示している。この二〇年あまりのあいだ、一年間の投資額はなんと三〇倍強にも膨らんだのだ。

そしてGDPの一部を構成する二〇一六年の資本形成総額は三二兆九七二七億元（約五六一兆円）と巨額で、これだけで、日本の一年間のGDP合計額を上回るほどだ。

全社会固定資産投資は、二〇一六年のGDP七四兆四一二七億元（約一二六五兆円）と

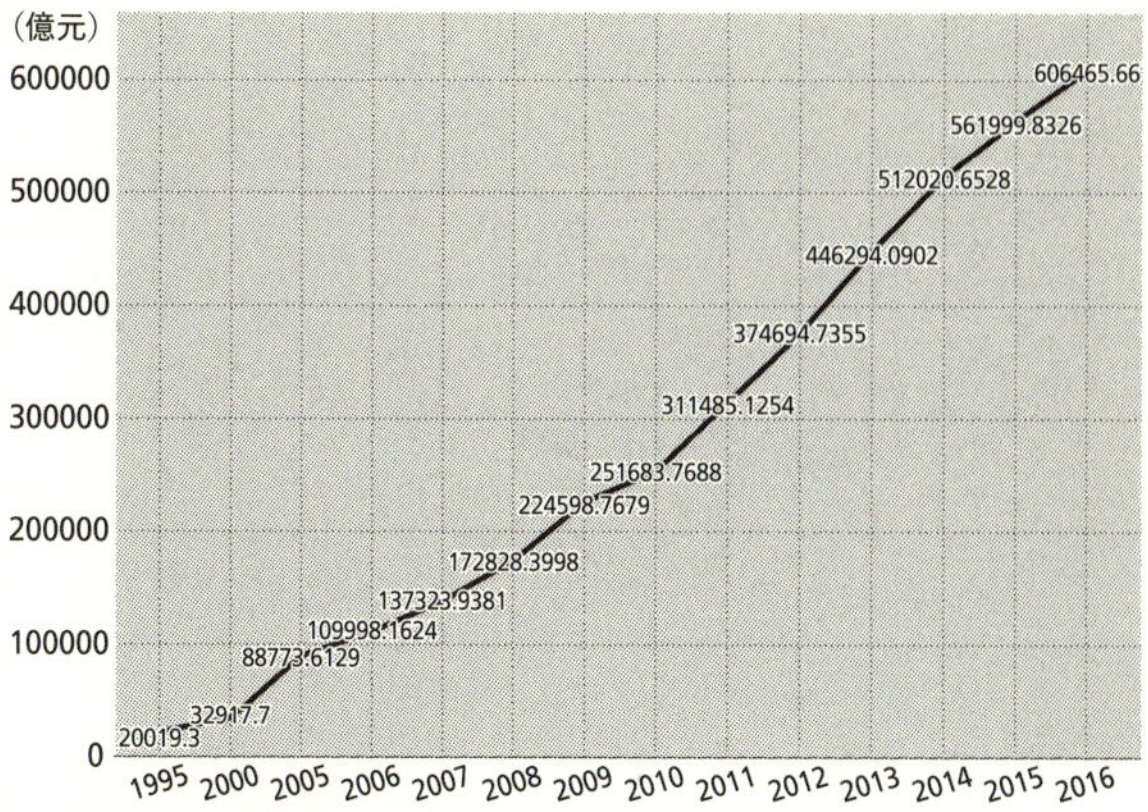

図13　全社会固定資産投資額の推移
中国統計年鑑より筆者作成。

比較してみると、なんと、その約八割にも達する巨額なことがわかる。

さらに資本形成総額と全社会固定資産投資額との比率は五四対一〇〇、つまり資本形成総額の大きさは全社会固定資産投資額の約半分となる。これの意味することは、この一年間で中国が投資したお金のうち、新しく加わった固定資本を金額的に表現すると、残ったのは全社会固定資産投資額の五四％にすぎないということだ。

ある国の投資額と貯蓄額は時間的なズレはあるが、ほぼ一致する。この考え方にならうと、二〇一六年には、中国全体で約三三兆元（約五六〇兆円）以上もの貯蓄ができたか、またはできていたものと想像できる。

投資額と貯蓄額はほぼ一致

投資と貯蓄が一致するという考え方は、あまり明確に説明されることがないが、中国のこれらの投資に関する考察から、私は次のように説明できると思う。

経済学の場合、貯蓄とは、かならずしも預金やさまざまな種類がある債券を買うことばかりとはかぎらない。単純な方法の一つは、いわゆるタンス預金、つまり現金を自宅で貯めることだ。企業にはタンスがないので、多額の現金で持つことはなく、小口現金を金庫に置くくらいはできる。

また、他人に貸した場合でも、貯蓄の一部になるし、借金の返済も貯蓄を経由したと考え、また借金の理由に住宅や高額の貴金属の購入があれば、資産を持った結果となるので、その分は貯蓄が姿を変えたものとして、やはり貯蓄とみなすことができる。

たとえばこの点を見るのに最も新しい二〇一六年のデータを用いて説明しよう。この年の中国のGDPのうち資本形成総額は約三三兆元（約五六〇兆円）だった。これに対し、上述した貯蓄の定義に当てはまる項目である預金増は一六兆元、各種の新規債券投資が一五兆元、新株発行への投資が一兆五〇〇〇億元、合わせて三二兆五〇〇〇億元、ほぼ両者は一致する。不足する五〇〇〇億元はタンス預金や地下預金や貸付などに回ったものと推測できる。

この点はともかくとして、ＧＤＰに残った資本形成総額が全社会固定資産投資の半分そこそこだというのは、この国の経済効率に問題がある可能性を示すものだ。全社会固定資産投資などは日本にはない経済用語なので、数字面から比較できない。しかし投資なのだから、その成果が大事である。

投資効率、日中の比較

性質はやや異なるが、ついでながら、これにかわって投資効率を比較するために産業連関表というデータの一部を使って、日本と中国の投資効率に、差があるのかどうかを少しだけ見てみよう。

産業連関表というのは、一定の期間における、ある国のどのような投資がどのくらいの新しい利益、つまり付加価値を生み出したかを見るためのものである。ややこしいところがあるが、さきほどの、資本形成総額は全社会固定資産投資額の五四％にすぎないというのとは話がやや異なるが、投資効率を見ることができる点では共通する。

新しく生み出された資本がいくらか、というのとは異なり、資本形成を含む、新しい付加価値の誕生を全産業の立場から見るための方法が産業連関表である。

国によって差があるが、投資総額の数十%は新しい付加価値を生み出さないと、投資する意味自体が乏しい、あるいは無駄が多いといわれている。

そこで中国について、総投入（全体の投資）を一〇〇とした場合、付加価値の産出がどのくらいかを産業連関表から計算すると、三三・五%という数字になった。一〇〇の投資はしたが三三・五の付加価値しか生まないという意味だ。この数字は二〇一二年の数字なので最近は変わっているかもしれないが、中国政府は二〇一三年以降の数字を公表していない。しかし短期間で大きな変化はしない数字なので、いまでも大差はないと思う。ここで比較のために日本の二〇一二年の数字を見てみると五二・一%となった。

この数字を比較すると中国の投資効率は日本の六四%にとどまって、効率が低いことがわかるだろう。これがいまの中国の経済体質で、みな巨額の投資をしているものの、そのわりには、利益が少ないということが浮かび上がる。

みな投資にやっきになり、投資ににぎやかな中国社会は、みなに景気がいいと感じさせる雰囲気が充満している。しかし、その効率は中国社会全体で見ると、さほどではないことが明らかとなる。

低効率なのに高投資

とはいっても、いまでは日本の三倍近い巨額のGDPを生む大国であることは間違いなく、投資効率の問題の意味するところは、投資に大成功する者と大失敗する者があり、しかも両者のあいだに、多数の大小の成功者と多数の大小の失敗者が横一列に分布しているということだ。

中国のGDP成長率自体は、数字のうえではわずかずつ低下し始めているが、世界の水準から見れば、いまなお高いほうだ。この高さは、効率がけっしていいとはいえない巨大な投資がおしげもなく投入された結果と考えるのが素直かもしれない。

GDPのうちの資本形成総額が、これらのように表現される巨額の固定資産投資の最後に残った付加価値である。この付加価値を得るために支出された、巨額の全社会固定資産投資額約六〇兆六四六六億元には、当たり前のことだが原則的にはこれと同じ額のお金が支出されている。ここにいくつかのトリックがある。

具体的にいうと、日本円にして一〇〇〇兆円を超える巨額のお金が、中央銀行の意図的な操作で、ベースマネー（中央銀行が発行するキャッシュ）として、投資先や投資財の購入などに支払われるために市場に流通しているという点だ。世間に対して、景気がいいと思わせるには、あまりにも効果的な資金量なのだ。

中国の中央銀行、日銀と同じ役目を負う中国人民銀行は、これ幸いに大量の紙幣を印刷し、それを湯水のように市場に垂れ流してきたので、だれもが金回りがよいように感じた。中国では、紙幣が必要以上に市場に出回ると物価が上昇し、お金の価値は下がるが、景気の実感をそこなうほどではなかった。

かくして、中国経済は花見酒の気分にひたり、日本のバブル期のように派手なふるまいが横行したのだった。私も日本のバブルを経験した一人だが、ある意味では、あんないい時代はなかった。あのときに比べると、いまの時代、まったく楽しみがない。

中国経済はバブルに非ず、ハイリスク

中国の物価上昇率はおそらく三％程度で、正確にはバブル経済とはいわない。

しかしあらゆる経済活動が生み出すお金は、まずは家電製品やスマホアプリなど、財やサービスを生産し販売した企業へ行き、次に、そのお金はそこで働く勤労者に給料などとして分配され、その後、一部が金融機関の貯蓄に回っていく。

だから、付加価値が付いた投資は貯蓄を生み出し、それらの金額はほぼ一致する。経済

活動の結果として人びとの手元に残った貯蓄ということになるが、しかし、そのお金はもはや銀行の手の中にある。こうして、巨大な投資の結果として生まれた巨大な貯蓄は、世界一の銀行を中国にもたらしたのだ。

S&Pグローバル・マーケット・インテリジェンスが資産額をもとに発表している、二〇一七年の世界の銀行ランキングで、中国の銀行が上位四位までを独占した。中国工商銀行は資産四兆ドル、世界一の大銀行だ。そのほか資産量一兆ドル以上の銀行として、中国の銀行では二一位に交通銀行、二二位に中国郵政貯蓄銀行が入った。日本では資産量二兆七九〇〇億ドルの三菱UFJ銀行が第五位。一二位にゆうちょ銀行、一四位に三井住友銀行、一七位にみずほ銀行、二七位に農林中央金庫が入ったが、日中銀行間格差は開く一方だ。

また、以上を反映して中国の二〇一八年三月時点の民間金融機関貯金残高は約二八兆ドル（中国人民銀行による）で、日本の同じ時期の約七兆四〇〇〇億ドル（日銀、二〇一八年三月末レート、一ドル＝一〇六円で換算）の約四倍だ。中国と日本のGDPのの比率以上に大きい。

ただ、中国には日本にはない巨大なシャドーバンキングがあり、こちらのほうが中国では人気が高い。シャドーバンキングは文字通り日陰ものだが、金利は普通の金融機関を大きくしのぎ、存在感が大きく、集まっているお金の量も半端ではない。

中国地元の一説では二〇一六年末一〇〇兆元（約一五兆ドル、約一七〇〇兆円）、正規の金融機関の預金などの総資産は一七〇兆元（約二六兆ドル、約二八九〇兆円）なので、いかにシャドーバンキングの資金量が多いか、驚くほどだ。

だから金融機関の総資産にシャドーバンキング預金残高を加えると約四〇兆ドル、GDP（約一一兆ドル）と比較しても、その大きさは計り知れない大きさになる。

ということは、中央銀行、ノンバンク、質屋、普通の銀行など、非正規、正規金融機関の両サイドが補完しあいながら成長したのが、中国の金融機関と非正規の金融組織だということになるだろう。バブル経済ではないが、ハイリスク経済ではある。その基盤となるのが、中央銀行が大量に発行してきたベースマネーだ。近年、ベースマネーはその八から九倍の全社会固定資産投資をもたらした。この数字は、中国に特徴的なものだ。日本は、逆に、社会の投資はベースマネーの数％にすぎない。

見えない金融の力が中国の投資と成長を促してきた。このトリックは金融を使った景気促進策、これに乗じて行う巨額投資策なのだ。

一三　中国の異星人農業のトリック

暗やみのかなたから

この本を読んでいただいている読者にはにわかには信じられないだろうが、最近の中国で、この地球のものとも思えない、超近代的な農業経営が増加している。貧困が覆う暗やみのかなたから、突然地球に現れたUFOのような存在なのだ。

これを異星人農業の登場、と表現したい。異星人農業の経営は、長い道のりや、過程があって今のような形になったのではなく、中国ではそれまではだれも考えることも、予想もしなかったやり方で、まるで広い畑に現れたミステリー・サークルのように、ある日突然に現れた。

クルマに乗って都市部から郊外に向かうと、どこまでいっても大自然が続く中国の大地の広さは、北海道旅行でさえ体験できない。大自然の中をクルマで走り続けていると、いまにも、もとの土に還ろうとしているような、赤茶けたレンガでできた農家の壁が忽然と姿を現す。貧農の村だ。

貧農はいまなお多数残り、そこには医療、福祉、教育など、未解決の社会的、経済的問題が山積している。中国政府が定める貧困線（これ以下だと、貧困の定義に入る年間所得の額）は年収二三〇〇元（二〇一六年、約四万円）、これに当てはまる人口が、二〇一六年に四三三五万人（全人口の三・二％）もいる。これでも減ったほうだ。

生活をしているとはいっても、まともな生活とはいえない。貧困線とはこれ以下の所得だと生活が成り立たない基準額ともいえる。国際的には世界銀行が一日一・九ドル、一年で六九三ドル（約七万円）と定めている。

中国政府が独自に定めている貧困線によると、一日六・三元（一〇七円）以下が貧困者ということになる。一日六元だと、どんな僻地の農村の食堂へ行っても、ラーメン一杯も食べられない。買えるのは、せいぜい、飲み水二リットル程度。これでは一食分にもならない。

貧困線の金額が低いほど、貧困者の数は少なくなる。これまで中国政府は段階的に引き上げてきたとはいえ、現状の基準は現実的な基準とはいいがたい。基準額を普通の生活ができる水準に引き上げれば、貧困者は現在の数倍、日本の全人口並みか、これを上回ることになるだろう。

現在の中国の物価水準を考えれば、都市と農村で大きな開きはあるが、ひと月当たりの所得が、最低でも二五〇〇元から三五〇〇元は必要だ。

すると一年の所得はこの一二倍、三万元から四万二〇〇〇元必要となる勘定だ。日本円で約五一万円から七一万円。物価水準に合わせて、これを現実的な金額として貧困線に定めると、貧困者は全人口の半分以上、七億人近くに達するはずだ。

貧困問題だけではない。

世界で中国だけにしかない、人を都市戸籍と農村戸籍に区別する戸籍制度はなお健在で、農村戸籍人口の約八億人の三割の農民が出稼ぎに都会へ出て、そこで家族ぐるみで差別を受ける悲劇的な生活を送っていたし、いまなおそういう人は少なくないといわれている。

人口約二一七〇万人の大都市、自然が広がる北京市の郊外には、多数の農民が暮らしている。これらの農家に若者の姿を見ることはまれで、大部分は七〇歳、八〇歳の高齢者が小さな耕地を耕している。年老いた貧農がわずかの農地を借りて、食べるにもこと欠く耕作をし、かわいい娘を身売りするというような、多くの日本人が抱く、誤った中国の農民像と重なるのではないだろうか。

その光景だけを切り取れば、中国で衰退する、遠くへんぴな過疎農村と変わるところはない。若者はみな、北京の中心街に向かって引っ越し、多くは、サラリーマンやサービス業の従事者となっている。

しかしこうした点だけが中国の農村像ではない。それが異星人農業である。日本人は、いまや、中国の古い農業観を改めるべきときでもある。

貧困農業の大転換

北京や上海をはじめとする大都市近郊の農村で、いま、次のような超近代的な農業経営企業ともつかぬ集団が続々と生まれ、成長を始めている。その変化は、未来の中国へタイムスリップしたかのような錯覚をしかねないほどだ。

この農業の特徴的なことを挙げると次のように要約できる。

まず経営者の年齢は若く、しかも非農家出身でリーダーは北京大学、清華大学などの一流大学卒である。

経営者は幅広い視野と知識を持ち、ＩＴ産業にも深い見識を持つなど、時代の変化を敏感に先取りする能力を備えている。また、彼らは中国ではやりの投資家集団が巨額の経営資本を投資するに足る人間的魅力を備えている。

農業経営面積は最低でも数百ヘクタールあり、数百から数千におよぶ農地使用権の持ち主に多額の借地料を支払う能力を持つ。

主な生産物は野菜、果物でほとんどが低農薬、少化学肥料だ。大都市住民の中でも食の安全に気を使う、所得の比較的高い世帯を会員として顧客に持つ。

規模が大きいだけに、農産物栽培や収穫、農場に訪れる会員の世話などの仕事は、近隣に住む若い青年や経験豊かな農民が雇われている。その農民は、自作経営をやめて農地をこの農業経営企業に貸した者が大部分である。

会員は、農場内に、面積が六坪（約二〇平方メートル）程度の専用農地を借りることができ、そこで家庭菜園を行うこともできる。会員の目的は、安全な農産物を得るだけでなく、日曜日ともなると、子どもや老人を連れて農園土壌や野菜に触れ、観光農園として利用する家庭も多い。会員世帯の家族は農園を子どもの教育や上流層との交流拠点とし、文化教室やほかの会員家族との遊びや学習会に参加するなど、思い思いに多面的な利用をしている。

栽培した農産物は会員が持ち帰るほか、日常的に購入する農産物は、農業経営企業が作ったスマホのアプリを通じてネットで注文し、注文品は会員の氏名を貼った段ボールに詰められ、専用車で宅配される仕組みだ。

宅配中の冷蔵トラックの位置を事務所がモニターで監視し、同時に、会員はスマホ画面から、注文した荷物が地図上のどこにあるかを知ることができる。宅配をスムーズに行うため、会員の家は事務所内に設置したパソコンの地図上に表示され、配送の際の交通混雑を避けるためなどに活かされている。

購入した農産物の決済はテンセントが作ったウイチャットなどの第三者決済アプリで済ませ、これらのために、農業経営企業が銀行、ＩＴ企業、物流企業、大学の農業専門家などと連携している。

農業、金融、物流、文化、学術知を巧みに組み合わせ、食文化や農村環境との触れあいを求める都会の富裕層のニーズを取り込もうとする、中国の新しい農業ビジネスモデルとなっている。四〇年前から地域の農家に配分されている農地を集め、資金は他人の投資に依存するのが、この異星人農業の共通のやり方である。

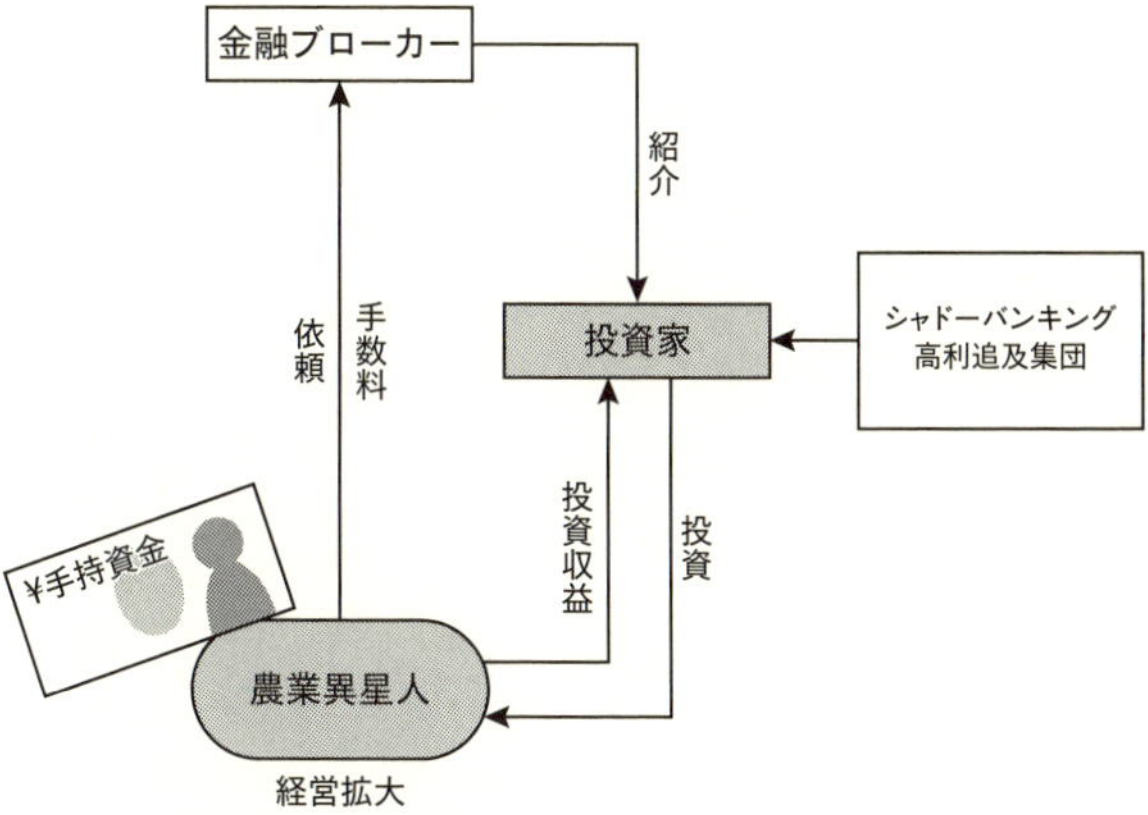

図14　農業異星人向け投資家とブローカー

投資家が農業へ投資

まず図14を参考に、この農業を成立させている金融面の仕組みを知っていただきたい。

農業異星人といえども、事業開始資金や運転資金は不可欠である。いくらかは手持ちの自己資金を充てるにしても、集めた農地の整地やビニールハウス建設、収穫した野菜の保管冷蔵庫、等級分けや配送前の箱詰め作業を行うための施設や機器類、配送用トラックの購入といった多額の資金調達から逃れることはできない。

若い経営者に、そんな大金があるわけはない。夢を持って農業経営に飛び込んできたからといって、大学や大学院を出てからまだ数年の彼らは、ほぼ無一文。そこで彼らが頼る相手が、事業者と投資家のあいだを取り持つ金融ブローカーだ。

中国語で「経紀人」といえばマネージャー、エージェントを指し、その範囲は不動産、演劇、自動車業界など幅広く、金融ブローカーもその一つだ。これには資格が必要で、かつ政府登録がないと営業できない。

農業異星人が資金調達をするに当たっては、まず知人や、そのまた知人の金融ブローカーに相談する。その後、金融ブローカーは、この若者に資金を投資する人物や企業を見つけ出し、投資話を持っていく。こうした人物や企業が、いまの中国では欠かせない投資家と呼ばれる存在だ。

投資専門に生きる

投資家はこの件に脈があると見ると、若者に対して、自らあるいは専門家による経営指南をし、経営着手ができるだけの何百万元（何千万円）という資金を投資する。彼ら投資家の計算は非常に綿密で、投資から収益回収までの計画を練り上げ、経営者に実践させる。

資金を調達した経営者は、投資家を紹介してくれた金融ブローカーに一定の手数料（調達資金の数%）を支払う。

私が会ったことのある投資家の一人、A氏は北京在住のある投資家集団の役員で、名刺の肩書は「パートナー」とあるのみだ。

レストランで彼から聞いた話は、中国の投資家事情の生き馬の目を抜くような厳しい現実だった。朝起きてから夜寝るまで、いい投資先がないかということだけが、彼の頭の中をかけめぐり、四六時中、付き合いのある金融ブローカーと連絡を取り合い、ちょっとでもうまそうな投資話があればブローカーに資金計画、リスク、収益見込み、投資資金についての担保、保証などの書類を書かせ、その内容を自分の手でチェックする毎日だという。

たまには投資がうまくいかないこともあり、リスクをいかに少なくしていけるかがカギだという。自分にとっては、命がけの仕事だと言っていたことが非常に印象的だった。

A氏の年齢は四〇歳そこそこだが、北京市内に、日本円で四億円の超高級マンションをパートナーの女性に持たせ、自宅はそれをさらに超える数億円のマンションだというから、北京でもとびきりのお金持ちだ。この生活を守るために、彼は一心不乱に、お金に没頭し続ける。

投資家の元手の由来

では、投資家が投資するお金はどこから来るのか？

これは中国らしい謎の一つだ。私はその元ガネは、図14にある例のシャドーバンキングから来ている以外にはないと思う。

シャドーバンキングは、ウラの金融組織であり、具体的には違法な質屋、高利貸し、小口貸付会社、裏社会の構成員（日本の反社会集団のような）、あり余るほどのお金を持つある層の人びとなど、影に隠れて暴利をむさぼる拝金主義者のみならず、社会的に認められたさまざまな金融機関や準金融機関も秘密裡に、原資の供給源となっているとの噂がある。

どこの国も多かれ少なかれ、金融の世界には、常人にわからないヤミがあるようだ。こうしたウラのウラや幾重もの影やヤミが重なって、ようやく異星人農業は生まれる。難産といえば難産だ。しかし、中国には日本にはない投資資金の鉱山がそびえている。

農業異星人は農家の生まれではないので、そもそも農地のかけらも持っていない。中国では、農民でさえ家を捨て街に出る時代、農民でない者が好き好んで農業をやることは、とうてい考えられない。だから、苦労することがわかっていて農業をやる人間は、異星人以外にありえないということだ。

農地もなければ知人もいない、村の仕組みも知らなければ、そもそも農業などやったことがない。そのような若者が、いまなお古い因習と伝統的な人間関係が支配する村に移住し、農業経営を始めるというわけだ。とうてい、一人ではできない。

彼らは村や地域の行政組織である郷政府との関係がある、大学の指導教授や地域の有力者を頼り、計画が綿密かつ、真剣なものであることを説明し、協力を得るのが普通のやり方だ。

まず、土地を集める

何よりも先にやるべきことは、農地を集めることだ。では、どうやって彼らは農地を集めるのか？

その方法は、農地（正確にいえば、農地を使う権利。所有権は公有）を持っている農家から集めるしかないのだ。しかも、村の一戸の農家が持つ農地はせいぜい一〇アール、二〇アールという零細さだから、一〇〇ヘクタールの大規模経営を行うには、一戸で二〇アール程度しかない地域の農家だと五〇〇戸の農家から、もし一〇アールという零細農家ばかりだと一〇〇〇戸の農家一戸一戸から、その農地のすべてを集めなければならない。まさに、熊手で砂を集めるようなものだ。

こんなこと、高学歴とはいえ、若いよそ者がいくら頑張ってもできることではない。そこで、村人全員が構成員となっており、法律的には農地の管理者である村民委員会という組織に、農地集めを依頼する。村民委員会という組織のバックには、最も身近な政府機関である郷政府がある。幸い、郷政府は農業経営の規模拡大という国の方針を担うところなので、援軍になってもらうことができる。

うまくいけば、農地は大量に集まる。もちろん、ひと握りも農地を出さない農家もいるから、農地を集める地域の範囲は外へ外へと広がっていく。この面倒な障害を克服し、集まった農地はようやく目的の面積に達する。

私が訪ねたことのある異星人経営者は北京、上海、浙江《せっこう》省、陝西《せんせい》省、黒竜江《こくりゅうこう》省など、中国全土に広く八〇〇ヘクタールもの大農場を展開する、中国でも屈指の異星人農場主となった女性だ。彼女は北京大学卒業後、イギリスのグラスゴー大学で学位をとり、中国で結婚した一児の母親でもある。

しかし、集めた農地はただで使うわけにはいかない。中国の面積単位である一ムー（六・七アール）当たり、年間、最低でも一〇〇〇〜一五〇〇元（一万七〇〇〇〜二万六〇〇〇円）の借地料を支払わなければならない。これを一〇〇ヘクタールだとすると、約一五〇〇ムーになるので、一ムーにつき、仮に年間一五〇〇元の借地料を払うと、総額は二二五万元（約四〇〇〇万円）という巨額になる。一五〇〇元という借地料は、高いものではなく、四〇〇〇元、五〇〇〇元もめずらしくない。

この多額の借地料のほかに、ネットシステム構築、トラクター、収穫機などの農業機械や大型冷蔵庫、農産物を運ぶトラックや倉庫などの物件費が別に、日本円で数千万円必要だ。

これらの多額の経営開始費用を手持ち資金で負担できればいいが、結局は投資家に依存するしかない。投資家は単なる金貸しではないので、自分が貸した元本と利息をとればいいという投資家は少なく、経営者を育てていくつもりで長い付き合いをする場合が多い。そのほうが、長い期間にわたって、経済的にも有利な関係を築くことができるからだろう。

会員集めの大仕事

こうした過程を経て、実際の事業をスタートしても、経営者としての別の仕事が待っている。それは農産物を継続して注文してくれる会員集めと、決済システムを設けるための銀行、ネット通販決済企業との関係作りだ。

会員には、できるだけ豊かな家庭で、残留農薬や生育補助剤の使用などに敏感な高学歴層を好む。消費者の質が高いほど、農産物の品質面での差別化を意識した宣伝、販売広報活動がしやすくなる。

銀行との関係作りは、会員からの入金、経営者の費用支払いのため、ネット通販決済企業との関係作りは、注文を受け付け、その代金決済のためである。

農業異星人たちはITやインターネットの細部にも精通し、それだけでプロ並みの実力を持っている。自分で、会員や一般の消費者がスマホかパソコンから注文できる専用アプリのプラットフォームを作り、それをネット上に公開するなどは朝めし前という能力の持ち主たちだ。自社アプリをどれだけの数のスマホにダウンロードしてもらえるかが、異星人にとっての勝負のカギである。

たとえば、写真6は、「春播」という業者のインターネットの画面の例だ。ここは、自分の農場でできた野菜、果物、肉などを会員に販売し、それだけで足らなくなるとグループ農家が作った農畜産物を販売する業者だ。この企業は本社を北京の大きなビルに置き、多数の若いネット技術者を抱える著名企業の一つだ。私の訪問を歓迎していただき、事業

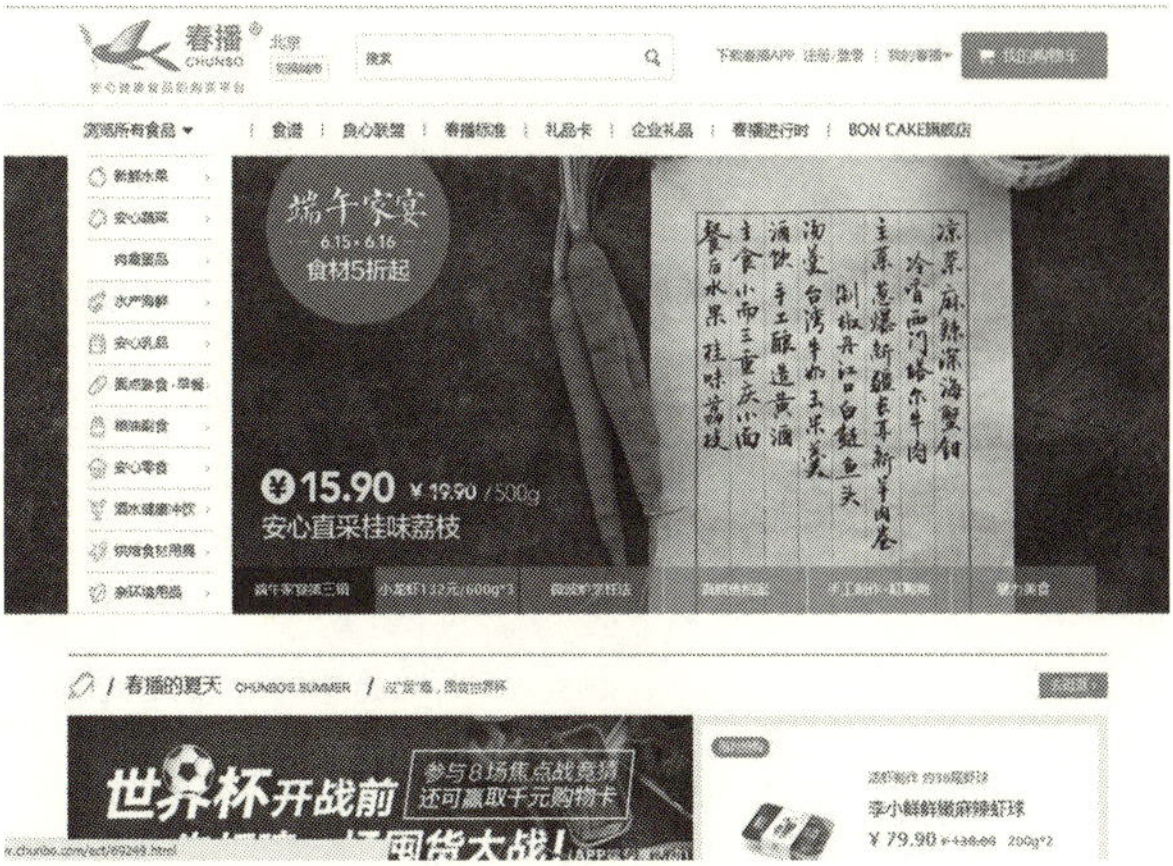

写真6　ウェブ通販サイト春播

の内容を詳しく説明してくれたことがあるが、やはり経営陣の年齢は若く、日本の企業では当たり前の五〇歳、六〇歳の従業員は一人もいない。

彼らは、自分や系列グループの農家が作った農畜産物や加工食品を売るだけでなく、無関係の農場が作った農畜産物の消費者への販売と購入の仲介や、農畜産物の生産者間の情報伝達のためのプラットフォームも提供する。

こんなややこしい仕組みは、異星人でなければ、とても開発できないし、携わっていけない。

借地は担保に

この異星人農業を生み出すことを可能にし

たのは、なんといっても投資家の存在だ。そして、この投資の収益性と持続性を可能にするには、投資のリスクを減らすための物的な裏付けが必要である。この物的な裏付けとは、結局は担保があるかどうかということになる。しかし、若い経営者にそれはない。では、どうするか？

その答えは、集めた借地を担保にするのである。しかし、その農地は多数の農家から借りたもので、自分の農地ではない。日本では、借りたものを担保に入れることは地主の許可なしでは、ほとんど不可能だ。

ところが中国では、借りものの農地の借地権を担保に入れることは不正ではなく、法的な権利として認められている。そこで、人から借りた大部分の農地の借地権を担保に入れてしまうのだ。

農地の所有制度は公有だから、担保として入れたその借地権が、仮に処分物件として流れたとしても、所有権の移動自体は絶対にありえない。だから国は、それを許しているのだ。農地を貸した農家には、農地が戻ってこない不安はあるが、共産党が決めたことなので文句はいえない。一方、異星人農業の経営者は自分名義の資産がほとんどなく、他人に頼りっぱなしだ。これも異星人としか思えない厚顔ぶりだ。普通の世界ではありえない。

この農業経営は、資金調達、農業経営、技術、ＩＴ、金融、ネット決済、配送、会員管理など、現代中国の先進的な技術と産業を凝縮したものだ。また、一流大学卒が農業経営をするという話題性から、多くの投資家や支援者、理解者が自然に集まってくる。

これが、無一文の高学歴の若者が大面積の近代農業を経営できるトリックであり、異星人農業の経営者がリスクと背中合わせで先進農業の担い手となれる理由でもある。

一四　高労働分配率のトリック

日本の一〇倍以上の億万長者

フォーブスは二〇一七年、一〇億ドル以上の資産を持つ中国の富豪四〇〇名のランキングを公表した。

トップは著名な不動産会社恒大グループの総帥、許家印氏で四二五億ドル（約四兆八〇〇〇億円）。二位はインターネット企業テンセントの会長、ポニー・マーで三九〇億ドル。三位はアリババのジャック・マーで三八六億ドルだった。

一方、一〇億ドル以上の資産を持つ日本人はわずか三三人、孫正義氏の二一二億ドルが最高だった。お金持ちの数にかけては、日本は中国に大きな差をつけられている。一〇億ドル以上という超お金持ちならずとも、中国では、一〇〇〇万元（約一億七〇〇〇万円）以上の資産を持つ者が一二〇万人に達するともいわれている。

国全体の中国のGDPは日本の約二・五倍だから日本よりお金持ちがいて不思議ではないが、中国が四〇〇人、日本が一〇分の一以下の三三人というのはあまりにも差が大きいのではないか。

人口規模が一〇倍以上あるといっても、それは日本の三倍弱の国民所得を分けあう人口が多いということだから、お金持ちが多いこととは反比例するはずだ。中国には、なぜこんなに多くのお金持ちがいるのか?

さまざまな理由があるので、一つひとつ解いていこう。

ひとり占めの文化

そこには、まず日本人には理解されにくい文化のカベがある。

文化のカベというと、あまりにも茫漠としているが、日本人と中国人の最も大きな文化の差が現れる点は、自己認識の仕方だ。

「中国人」という単純な表現ではまとめきれない、多様性が中国人にはある。面積が日本の二六倍、人口が一〇倍以上、民族の数が五六、歴史の長さときたら、最初の王朝の夏王朝ができてからだけでも三六〇〇年。日本の本州の三六〇〇年前はまだ縄文文化の時代で、どんな服装をしてどんなものを食べ、どんな文化を持っていたのかなど、ほとんど想像の域を出ない時代だ。

外国から、中国人が「中国人」と呼ばれ出したのはそれほど古いことではなく、せいぜいのところ一〇〇年前からのことだ。それまでは、王朝が国号（国の呼び方）であり、それぞれの王朝を支えた民族も漢族、蒙古族、満族などであり、一つとはかぎらなかった。中国とか清とか、国が一つの呼び方で済むような単純な民族構成ではなかったのだ。もっと複雑なさまざまな民族の歴史や人びとの暮らしが全土に広がっていた。

だが、ここでは便宜的に、平均的な中国人についてざっくりと押さえてみたい。

日本人は、和をもって貴しとなす民族、集団の中の自分なので、全体との調和をまずは重んずる。その意識と実際の行動の程度が高い個人ほど尊敬され、理想とされる。

これに対して、中国人の場合は基本的に、他人のことは気にしない。いうなれば自己中心的。もっと過激な言い方をすれば、自分さえよければいい、というようなところがある。

論語の「君子は義に喩《さと》り、小人は利に喩る」（君子は利欲にとらわれずに道徳的に正しいことをし、スケールの小さな人物は私利私欲ばかりにとらわれる生き方をする）は中国人のあるべき姿を語ったものであるが、逆説的にいうと、君子のような人物は少ないことの裏返しかもしれない。

　しかし、これをもって中国人は良くないとか正しくないとか、と結論付けることは大きな間違いだ。日本人との差をもたらす大きな要因は文化の差にある。具体的には、個人と社会、個人と集団との関係性の違いから生まれていると考えられる。

　日本人は、仲間外れにされることを最もきらう民族だ。難しい言い方をすると、個人は共同社会の一員だ、というのが日本人の考え方だ。昔も現代も、このような個人と社会との関係はほとんど変わっていない。

労働分配率の怪

　それに対して中国は個人が先にあって、その集合が社会という、日本とは正反対の関係が広範に存在する。中国人が自己中心的といわれる文化の土台は、ここにある。

　また、同じ世代の人口の爆発的多さが、入学試験や入社試験で激しい競争関係を生み出し、他人のことを気にしていたのでは、自分の生きる場所を得ることができない、という危機感が自己中心的性質を強くする要因でもあろう。

　これは、たとえれば一〇〇メートル競走などの、陸上競技のランナー一人ひとりの走り方に似ている。スタートしてから走り終えるまで、ランナーはだれよりも先を走ることを目標に懸命に走る。人に先を譲ってしまっては負けるから、そんなことは一ミリも考えない。

中国人の経済感覚もこれと似たところがあり、自分は、だれよりも豊かに、だれよりも派手に、という競争を毎日のようにしているような空気が漂う。国民の所得格差が縮小する気配が感じられないその背景には、こうした文化が作用している。

それを許しているのが、本当の労働分配率（一定の期間内に生み出された付加価値が労働者に分配された比率）の低さである。ほかにも要因はあるが、労働分配率の低さは最大の問題だ。「本当の」というのにはわけがある。

ある国の労働分配率の一般的な測り方は、雇用者報酬（賃金所得）÷国民所得である。これによる中国の二〇一三年（『データブック国際労働比較二〇一七』労働政策研究・研修機構）労働分配率は五一・一％だ。日本は四八・九％、アメリカは五一・八％。数字上、中国は日本よりも高い。

しかし、これで中国の労働分配率は問題なしとは言えない。それはなぜなのか？　そのわけは、ほかならぬ「中国である」という点にある。つまり変則的ながらも、社会主義という点にある。

労働分配率の定義そのものが、中国と日本やアメリカとでは、根本的に違うのだ。どの点が違うかというと、中国は社会主義国なので、資本家、つまり報酬を受け取るだけで働かない人間はいないことになっており、すべての勤労は労働者か農民、残りは未成年者と退職者に振り分けられる仕組みになっている。つまり資本家がいないかわりに、被雇用者の数が圧倒的に多いわけだ。

中国のトップ習近平も、大企業の社長許家印も、いなかの会社の工場労働者、王天元氏(仮名)も、建て前上の身分は「中国人民習近平同志」「中国人民許家印同志」「中国人民王天元同志」で、同じ労働者ということは微塵も変わるところがない。

もし習近平が資本家ということだと、労働者と農民の代表として、共産党の指導者になることはとてもできないはずだ。許家印が資本家であるとすると、社会主義国家中国は矛盾そのものだ。すべての国民の身分あるいは階級が同じでないと、中国の社会主義体制そのものが成り立たなくなるのだ。

だから、表5のように、労働分配率もこの仕組みが反映されて高く計算される。

雇用者報酬は、株式や債券など有価証券売却益、預金利息収入、企業や金融機関の内部留保（設備資金や経営リスク回避のための積立金など）や法定準備金（銀行など金融機関が預金残高の一七％程度を中国人民銀行に強制的に預金するもの）などを除く、すべての人に対する給料や報酬になる。自然に、分子は膨らみ、労働分配率は上がるのだ。

複雇用者給与
党・政治家所得
公務員給与
経営者報酬
自営業者所得
減価償却費
諸積立金
年金・手当
保険金
租税

表5　GDPの分配先
中国ではグレーの項目が労働者給与として扱われる。

本当は低い労働分配率

中国の労働分配率の高さは、社会主義の建て前が作り出すトリックだ。

もしほかの国と同じように、名実ともに、労働者の所得を総国民所得で割った本当の労働分配率を求めると、二〇％に満たないのではないか。

二〇一六年の政府の統計によると、第一次産業従事者を除く全労働者が受け取った給料総額は一二兆七五億元（約二〇四兆一三〇〇億円）で、これを第一次産業を除く名目ＧＤＰ六八兆四一三二億元（約一一五六兆円）で割ると一七・七％にすぎなく、日本の四八・九％などに比べてとても低い。労働者が汗水垂らして稼ぎ出した富の大部分は、労働者以外の手に渡っているということだ。

見方を変えると、中国の労働者の生産性はとても高い。一人の労働者が自分の取り分を四人の国民のために使っている、つまり一人が四人を養っているのだ。金持ちもそうでない人も、本当の労働者から、たいそうな恩恵を受けているのが真相ではないだろうか。

ただし、人によって恩恵の受ける量に大差があることは問題だ。労働をせずして受ける恩恵の量の差は、そのまま所得の格差を表している。豊かな人は労働の成果である富を自分に取り込む能力が人より高い。そうでない人は、豊かな人よりもそれが低い。

労働分配率が低いということは、労働者以外のものすごく豊かな人を生み出すことと同じことなのだ。労働者が稼いだ富のうち、労働者の取り分が少ない分、豊かな人に回る分が増えるので、格差を生み出す分が多くなるというわけだ。中国に多くの億万長者が生まれるトリックだ。

もちろん、億万長者のほとんどは、いまや世界的な大企業となった企業の創業者で、努力と才能、支援する者がいて初めていまの地位が築かれたはずで、その意味では尊敬に値する人物であることも事実だろう。

労働分配率の高低の持つもう一つの意味

一般的な見方からは、労働分配率が低い国ほど、所得の格差は大きくなる。他方、それが高い国ほど、格差は小さい。大きな格差を生み出す部分が小さいからだ。

ただし中国では、農家など自営業者は、労働分配率の計算対象にならない。自営業者は自分が生業者であり労働者という二重の立場なので、所得の分配という考え方自体が生まれないからだ。

中国の大きな所得格差を生み出す理由の一つも、労働分配率の低さにある。さらに、自らは富を生み出す活動、すなわち生産活動に参加せず、公務員、党活動の専従者、社会団体活動家などに従事し、名目は給料でも、政府からの補助金、党からの助成金、寄付金などの支給や分配金を受けて生活する人たちこそが豊かになる仕組みがある。

都市でも農村でも、絶大な力を持つ公務員は、民衆や企業に対する指導力や支配力が強く、そして、こうした権力が効力を発揮する分野は広く、副収入源はどこにでも転がっている。不正に手を染めることをせずとも、この権力と、長く密接な人間関係があれば、お金は自然に流れてくる。

労働分配率が高い国では、こうしたことが起こる可能性は低い。働く者に富が分配され、働かない者に回せる富には、それほどの余裕がないからだ。

では、なぜ中国の労働分配率が低いのか？

それは経営陣や株の所有者が労働者を軽視し、自分のことを優先するからだ。中国の場合、本当の労働者は、経営者や株、債券、資産、権力の所有者が利益を上げるための働きバチのようなものなのだ。

日本の場合、会社経営者の報酬は雇用者報酬に含まれないので、中国とは仕組みが異なる。Ｐ１９６で示したデータにおいて、中国より労働分配率が低い理由はそのためでもあるが、日本は日本で、経営者側が雇用者報酬を抑えているという側面もある。しかしここに、トリックはない。

一五　銀行不良債権のトリック

上昇する不良債権比率

中国の二〇一八年四月末の銀行貸付残高は一七三兆元（約二九四〇兆円）に上る。
最近になって金融界で注目されているのが、じわじわ上昇し続けている中国の不良債権比率だ。銀行の管理監督をする、国の権威ある官庁の一つ、中国銀行保険監督管理委員会によると、二〇一六年一二月期の銀行の不良債権比率は一・七六％、一兆五〇〇〇億元（約二五兆五〇〇〇億円）に達したらしい。これが多いのか、少ないのか、簡単には断言できない。

不良債権とは、返済期限が満期になっても、貸し付けた額（元本）と利息が返済されないことをいう。不良債権は銀行にとって、期待した利益の実現が危なくなるばかりでなく、返済されない場合や返済が遅れた場合には、大きな損失を生むことにつながる。

銀行はこのような事態に備えて、貸し付けたお金の一定割合を貸し倒れ引当金として準備しておくが、場合によって、不良債権がその準備金を上回って発生することもないではない。そんなとき、銀行は損失を計上するしか方法がなくなる。このような事態を防ぐために、貸付する際に銀行がとるのが、前述した担保である。ところがこの担保、中国ではさまざまな問題がある。

ちなみに日本の場合、金融庁によると日本にある一一五の銀行の二〇一六年三月末の不良債権比率は一・五％、八兆三八〇〇億円であった。しかも毎年減少傾向にあるというから、中国とは正反対だ。日本は中小企業の経営状態があまり良くないから増えそうなものだが、日本人の堅実さはここにも表れているようだ。

これまで中国の不良債権比率は、比較的低位に安定していたと見られていたが、ここへきて事態は急速に悪化しだした。この背景を、またぞろ、中国の経済成長率がダウンしていることに求める見方も確かにあるが、真実はもっと別のところにあると見たほうが正しいようである。

隠され続けた不良債権

つまり、もともと、不良債権は公表された数字以上にあったのだが、巧みな操作で隠されていたのではないかということだ。

中国では日本と異なり、土地を担保にして銀行からお金を借りる土地担保金融がほとんど効力を持たない。さりとて、ほかに十分な物的担保や人的担保の準備ができない中国の借り手ができることといえば、有力な金融人脈や企業の成長見込み払いを担保とすることくらいだ。

土地担保金融の効力がほとんどない理由は、中国では銀行も含めて、土地の私有権を持つことができず、土地市場で自由な価格を付け行い、土地を売ったり、貸したりといった自由な処分がしにくいからだ。

土地制度では、国から貸し付けられた土地を私的に使う権利である使用権を、市場が決める価格で自由に処分できることにはなっている。ところが、土地の使用権が主張できる期間は四〇～七〇年という日本の定期借地権（五〇年後、土地を貸主に返還する義務がある借地権）と同様のもので、その土地を使った長期投資はしにくいという制約がある。

土地の用途によって、この期間は異なる。住宅用地七〇年、工業用地五〇年、商業用地四〇年。申請によって変更してもらえることになってはいるが、何十年も先のことなので、その間に中国で何が起こるか、だれにもわからない。

中国の銀行が融資する際にとる担保は、預金通帳や債券証書、豚や牛など（これを動産担保の一つ動物担保という）、あるいは自動車や住居などが対象物件だ。ほかには、人的担保つまりは保証人がある。

中国の保証人制度は日本とほぼ同じで、大きく分けると、催告の抗弁権（債権者から貸した金を返せと言われたとき、まずはお金を借りた本人へ請求してくれと言える権利）と検索の抗弁権（裁判など強制執行の段階で、まずはお金を借りた本人へ執行してくれと言える権利）のある普通保証人と、それらがないより厳しい責任を負わせられる連帯保証人とに分けられる。

農村の例を見ていると、この区別がつかないまま、友人のために二つ返事で連帯保証人を引き受けた、という農民がほとんどだという。お金を借りた本人が払えないため、回ってきた返済義務。知らなかったでは済まされず、厳しい取り立てにあって苦しむ例があとを絶たない。

もともと融資リスクは、中国の銀行にとっては肉親のようなもので、切っても切れない宿命だ。そこへ中国の事実上、無担保で融資するも同然の担保制度がある。銀行が債権の保全手段として使ってきた担保制度であるが、中国では、担保物件が貸し手の強制手段によって処分されようにも、それを受け入れるための担保市場の発達が遅れている。

そのために、せっかく担保を処分して債権を回収しようとしても、簡単には物件の買い手が見つからない。北京の中心部を走る高速道路の下の空き地には、埃《ほこり》をかぶったBMWやベンツ製の大型乗用車が無造作に停められている。これらは、金融会社が、貸したお金の代償にとった担保物件だ。担保にとった高級車の売買市場が未熟なため、売ることもできず高級車の墓場と化しているのだ。

土地も同様の問題を抱えている。北京郊外には、放置されて荒れ放題の広々としたたくさんの農地が散らばっている。これなども、土地の状態やそこに建てられた小屋のような建物の内部を見ると、担保物件である可能性が高い。

担保流れや質流れの物件の取得は敬遠される傾向にある。言い換えれば、担保物件が債権保全の手段として持つ効力には限界がある。貸し手も借りる側の担保能力が低いので、貸し渋る。

ここに、借り手がより条件の悪い借り方をしてしまう理由がある。ここでの条件とは金利と満期までの期間、連帯保証人の確保だ。

金利自由化と不良債権

中国は二〇一五年、銀行に預け入れる際の預金金利の自由化を始めた。これで中国の金利自由化のめどがついた。まだ完全な自由化とはいえない。しかし、かなり自由化されたのも事実だ。

金利自由化は、銀行の規模や経営能力によって、金利の付け方に差を生む。貸付金利と預金金利が自由化されると、規模の大きな銀行は自分にとって負担になるはずの預金金利を中国人民銀行が決めた基準預金金利よりも引き上げ、その一方で、高いほうが儲かるはずの貸付金利を引き下げるという操作が可能になった。

大銀行以外はそこまでできないが、中国工商銀行、中国銀行などの四大銀行のような、世界的にも規模が大きな銀行は、ほかの銀行との競争を有利に進めるために、あえて損をするような金利の操作をするのだ。銀行が生殺与奪の世界に身を置くのは、世界共通だ。金利差が銀行の儲けとなるが、大銀行では預金金利を上げることから生まれる貸付金利との差（利ざや）を小さくし、その代わり銀行全体の預金と貸付量を多くして、利益を維持するやり方が通る。

銀行業の世界では、どこまで利幅を小さくできるかという点が、競走力の差となる。大きな銀行は、利幅が少なくとも、預金や貸付の金額的な規模自体が大きいので、量的に儲かりやすいのだ。

もし、貸付金利の自由化を許すと、大銀行から借りる大企業や優良企業はより低い金利で借りることができるが、中小や零細企業はそういう恩恵を受けることはできないから、経営上の負担が増し、企業としての競争条件がさらに不利になる。

中国の銀行は前述したように、土地をはじめとする十分な物的担保がとれないから、そもそも貸付リスクが高い。しかし、土地担保も、とらないわけではない。とることはとる。そうしないと貸付が伸びないからだ。

地価の値上がりと不良債権

土地担保は安全性が疑われるが、実は、銀行の貸付を伸ばすうえで、こんなに便利なものはほかにない。

なぜかというと、この数十年間というもの、中国の土地価格はうなぎ登りだからだ。図15では、二〇〇〇年から二〇一六年までの一七年間の北京市宅地価格指数を示した。北京市の宅地価格の値上がりぶりは、中国でも上海市と同じくらいめざましい。これによると、

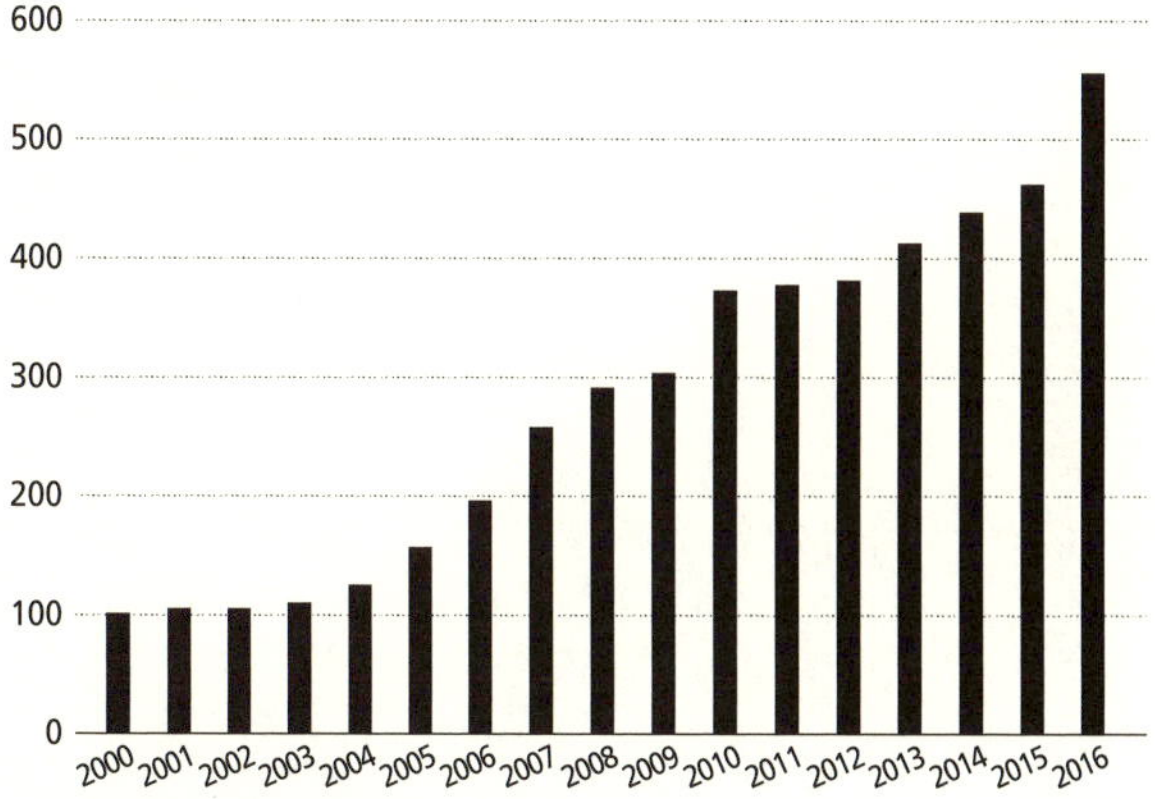

図15　北京市宅地価格指数
北京市国土資源局資料から筆者作成。2000年を100とした指数。

この一七年間で、北京市の宅地価格は、約六倍という驚異的な値上がりだ。

日本のかつてのバブルを思い起こさせるようなこの驚異的な土地価格の上昇は、そのまま、銀行が土地を担保にとって、貸し付ける額を六倍に引き上げることを可能にした。

実際に、貸し倒れを防ぐという意味での担保の効力は弱くとも、担保としての土地は、住宅ローンや会社の事業資金を貸すための手段として十分すぎるほど効力を発揮する。

この矛盾が、銀行に不良債権の根を残し、やがて樹木の幹そのものを倒しかねないひどい結果を招くことにつながるのだ。

参考までに、中国人民銀行資料から、二〇一七年末の中国の銀行の不良債権残高を見ておこう。その内訳は大型商業銀行七七二五億元（約一三兆一三〇〇億円）、株式制商業銀行三八五一億元（約六兆五五〇〇億円）、都市商業銀行一八二三億元（約三兆一〇〇〇億円）、農村商業銀行三五六六億元（約六兆六〇〇億円）、外資銀行八五億元（約一四五〇億円）合計一兆七〇五〇億元（約二八兆九九〇〇億円）だ。大型商業銀行とは、預金量世界一の中国工商銀行、それに中国銀行や中国建設銀行など四行のメガバンクを指す。

貸付残高に占める不良債権残高の割合、すなわち不良債権比率は、大型商業銀行一・五三％、株式制商業銀行一・七一％、都市商業銀行一・五二％、農村商業銀行三・一六％、外資銀行〇・七％。農村商業銀行が最も高く、大型商業銀行の二倍となっている。外資銀行は低い。

傾向としては、農村商業銀行と都市商業銀行の不良債権が増え、大型商業銀行が安定している。農村商業銀行の増加傾向は、あまり良くない農業、農村経済の景気を反映している。

不良債権のすべてが最終的に損失になるわけではないが、前述したような担保の換金効力の問題から回収は手間取るか、全額回収は難しい可能性がある。それが貸付を慎重にさせる動きにもつながる。

だが、土地にかわる物的担保を提供することは事実上難しいから、土地担保に依存して、土地価格が上昇するに任せるように貸付が増えることは十分にありうることだ。

中国の銀行の不良債権比率は高いのか低いのか、判断に迷う面もある。

ちなみに、金融庁によると、日本の全国銀行不良債権残高は二〇一七年三月末で七兆五〇二八億円、貸付残高四八〇兆円強の一・六%。全国銀行というのは、農協組織や信用金庫など、銀行という名称が付かない金融機関は除いたものだ。

以上をもって、この章が終えられるなら問題はない。しかし、問題はこの先にある。

不良債権隠しの方法

不良債権比率のレベルは日本とほぼ同じだからよいとはいえないし、不良債権隠しが行われていないか、検討することも必要だ。また銀行の貸付は、量よりも、その質が問題にされることがある。

日本の場合、長期の経済不況によって、借り手の経営や所得は厳しい制約を受け、サラリーマンの所得はここしばらく上がったためしがない。一部の大企業やサラリーマンを除けば、資金繰りも生活費も余裕がほとんど消えてしまった。銀行の姿勢は、以前に増して貸付審査を厳しくし、リスクが少しでもありそうなところへは貸さない。

しかし、姿勢はそうであったとしても、銀行業もしょせんは商売、貸さなくては倒産する。そこで、貸付を伸ばす至上命令を受け、以前に比べ、貸付相手探しに昼も夜も切れ目ない働きを続けて貸した結果、やっと貸付残高の維持もできるようになった。

他方、債権の質的悪化は避けられているだろうか、という不安も生まれる。数字のうえでは低いように見える日本の不良債権率だが、一皮むけば半不良、五段階評価でいえば、三とかそれ以下の債権が山積みしている可能性もあるだろう。つまり、表面化しないだけで、中身は腫れ物にさわるようなことかもしれない。表面化した不良債権比率だけで判断するのは、無謀というほかあるまい。

だから、中国の不良債権比率も日本と同じレベルだから安心だとはいえない。図16で示したが、銀行の貸付期間別の貸付残高の推移を知ると、中国の不良債権問題は、もっと深刻に疑わなければならない。

中国の場合も、日本と同じく、銀行の貸付期間の分け方は、貸付期間一年以下が短期貸付、一年を超える貸付が中、長期貸付である。ただし、中期、長期の区分の仕方には説明がない。

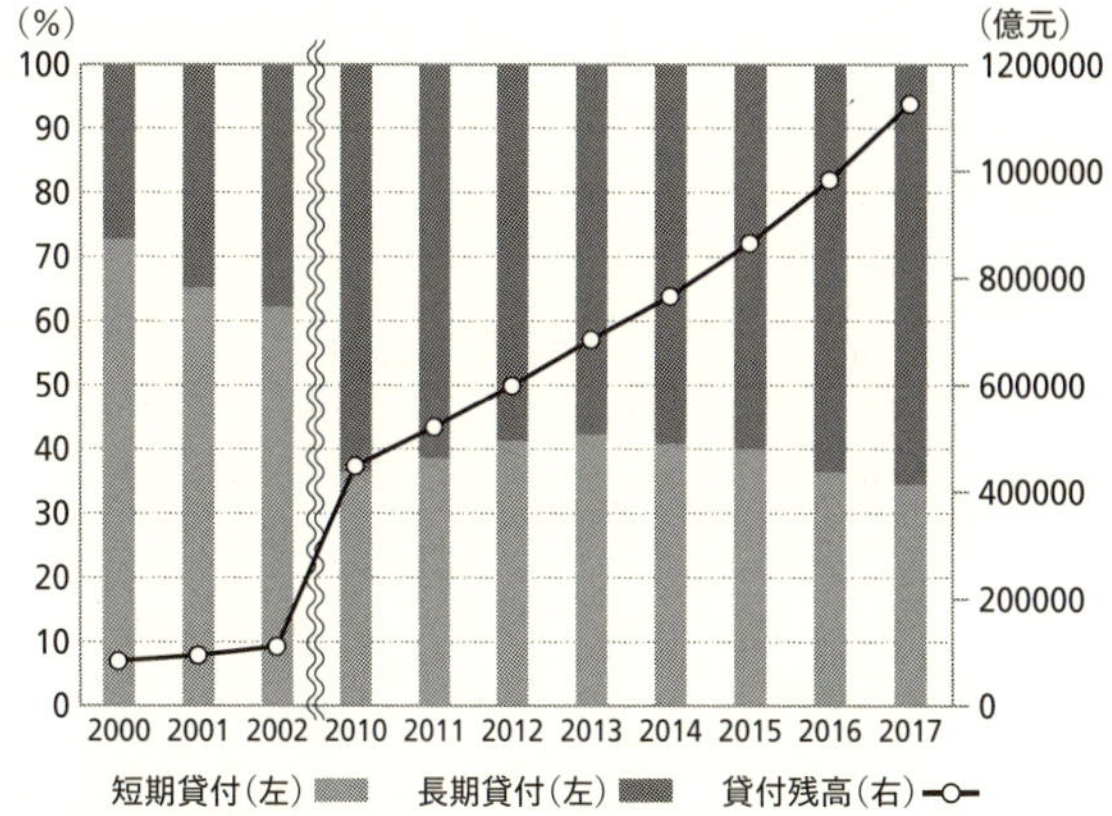

図16　拡大する銀行貸付の短期の長期への振り替え
中国人民銀行資料から筆者作成。

貸付期間は銀行と借り手の自由契約だから、二年もあれば二年半もある。貸し付けした時期も、貸付期間もまちまちなので、統計として貸付期間二～三年貸付とか、三～五年貸付とかにまとめることはできるはずだが、これを公表している銀行は見当たらない。公表したところで、とくに利益らしいものはないからだろう。

貸付残高を細かな貸付期間ごとに知りたいところだが、そのようなわけで資料はない。唯一あるのは、短期貸付残高と中長期貸付残高だ。しかし、この区分を見ただけでは何もわからない。ただ、この二つの期間の貸付残高を眺めるだけのことである。

貸付期間の長期化

そこで、図16がとてもヒントになる。この図のどこがヒントになるかというと、長期的に見た場合の貸付期間の短期と長期の割合の変化である。

図16は二〇〇〇年以降に、この割合がどう変化したかを表している。たとえば二〇〇〇年、貸付残高のうち短期（灰色の部分）の割合は約七三%、長期の割合（濃い灰色の部分）はたったの二七%だった。

短期貸付は主に、企業の運転資金や資金繰り資金、言い換えると人件費、原材料仕入れ、医療費や急に起きた用立てなどに使われる。これに対して長期貸付の用途はさまざまではあるが、基本的には設備投資資金、土地使用権の購入資金、研究開発資金など、金額がかさむもので、短い期間のあいだでは返済しにくいような資金がこれに該当する。

その後の短期、長期の割合はどうかというと、短期と長期が逆転、二〇一七年では少なくとも長期貸付残高は六〇%を超え、七〇%近くに達している。では、なぜ短期、長期の逆転が起きたのだろうか？

つまり短期貸付残高の数字が縮小、長期貸付残高が増えるのはなぜか、という問題だ。そのわけを考えることは、中国の不良債権処理を推測するうえでヒントになる。

これは金融トリックの一つだ。その実態は、不良債権が発生しそうになると、中国の銀行はそれを隠すため、巧みな方法を駆使することで真実をカスミのかなたへ葬り去る。その仕組みはこうだ。

短期貸付は返済期限がすぐに訪れるので、返済に苦労することが多い。このような問題は頻繁に起きていると思われる。そこで、銀行と借り手が共謀して、貸付期間が短い短期貸付を長期貸付に貸し換えしてしまう。こうなると、本来、不良債権になるはずの短期貸付が、あたかも優良債権のような長期貸付に姿を変える。要は、返済期限を先送りし、帳簿上の延滞（返済が滞ること）をなくす操作をするのだ。

縮小する短期貸付

図16は二〇〇二年頃まで多かった短期貸付が、二〇一〇年以降縮小し、長期貸付が増加した様子を示す。これはほかならぬ、短期不良債権を長期貸付に期限延長をした結果であろう。要約すると、不良債権を優良債権に変装させたまでのことで、質の悪い債権の本質が改善したわけではない。長期貸付も返済時期の延長処理をすると、同じ効果を生む。

このような銀行による不良債権の優良債権への変装操作は、日本のほとんどの銀行でも日常的に行われてきたが、昨今は、金融庁による方針もあって、次第に減る傾向にあるといわれている。

中国でも、日本の金融庁に当たる中国銀行保険監督管理委員会がことの重要性に気付き、さまざまな指導に着手しているといわれるが、その効果は定かではない。

この操作は一つの金融トリックであり、金融リスクが低いかのように見せかける意味で銀行利用者の目をごまかし、利用者のあるべき判断をゆがめ、厳格であるべき金融市場の発展を阻害するもので罪深いことなのだ。

急増する資産証券化のウラ

いま中国で急速な増え方をしているのが資産の証券化だ。

資産の証券化とは金融機関、一般の企業、保険会社、小口金融会社、不動産会社、担保買い取り会社、住宅ローン頭金融資会社などが持っている物件や債権を証券会社と提携して、証券にして販売することをいう。銀行の貸付債権は、証券化で不良債権隠しに通じる道が広がった。

中国でも資産の証券化の代表的な商品、ＡＢＳ（資産担保証券）が普及し、最近、急速に増え出した。読んで字のごとく、資産を担保に証券化し、流通市場で現金化するものだ。その背景にシャドーバンキングに対する政府の締め付けがだんだんと厳しくなり、新しい金融プラットフォームが必要になっている点もある。それとは別に、もともと、新しい利益源を求める金融革新的動きがあったことが最大の理由だ。

資産担保証券は証券化した最初の債権者は早く現金化でき、証券を買った投資家は担保でリスク回避ができるうえに一定の利息が手に入る利点がある。しかし最初の債権者の債務の責任が消えることはない。結局、資産担保証券化は債権者と投資家には大変に都合のいい仕組みで、不良債権隠しにも使える点で金融トリックともなる。

中国の資産担保証券化の市場拡大はいま始まったばかりといってよく、今後も資産の優良、不良の質にかかわりなく急成長する見通しだ。

これまで発行された主な資産担保証券は次のとおり。

新規発行（二〇一八年六月までの累計）

◎企業向け貸付金の証券化九〇〇〇億元（約一五兆三〇〇〇億円）

◎住宅ローン担保の証券化五〇〇〇億元（約八兆五〇〇〇億円）
◎個人ローンの証券化四六〇〇億元（約七兆八二〇〇億円）
◎信託受益権の証券化三八〇〇億元（約六兆四六〇〇億円）
◎貸付リースの証券化三七〇〇億元（約六兆二九〇〇億円）
◎自動車ローン担保の証券化二八〇〇億元（約四兆七六〇〇億円）
◎売掛債権の証券化二四〇〇億元（約四兆八〇〇億円）
◎未収債権の証券化二一〇〇億元（約三兆五七〇〇億円）
◎信用カード債権の証券化一七〇〇億元（約二兆八九〇〇億円）
◎その他債券の証券化七八〇〇億元（約一三兆二六〇〇億円）
合計四兆二九〇〇億元（約七二兆九〇〇〇億円）

（二〇一八年六月中旬、中国資産証券化分析網）

一六　世界一の外食産業を生み出す「炊き増え」のトリック

世界一の外食産業市場

次は、中国人にとって、大きな関心事である食べものについてのトリックだ。

中国のコメ、麦、トウモロコシは、中国で三大穀物と呼ばれ、生産量は六億トンを超える主食だ。これら穀物の生産量も消費量も、中国は世界一だ。一年間の消費量（二〇一三年）は、コメ一億三四〇〇万トン、麦類一億三〇〇〇万トン、トウモロコシ二億一三〇〇万トンとケタ外れの量だ。

そこで、理の必然ながら小は道ばたの屋台から、大はホテルのレストランまで、さまざまな形の外食産業が隆盛を極め続けることになる。外食産業の売上がいったいどれくらいの金額におよぶのか、後述のように推計はあるが、公式の統計はない。

外食産業といえば聞こえはいいが、その中身は多種雑多な店がひしめきあう状態で、それにもかかわらずどの店もいつも混雑しているのだ。

座って何千円、食べて何万円という高級中華料理店がある一方で、木製テーブルを路上に一、二卓、料理は羊肉の串刺しと豚肉と野菜の油いためのに、ご飯か中国式まんじゅうあるいは麺類、そして水のようにアルコール濃度が薄いビール、といった質素このうえない店までさまざまだ。

しかし、これら大、小、高級、場末、衛生、不衛生とは無関係に、この商売には、安いものを高く売る以上のうまみがある。それがコメや麦、トウモロコシなどが生み出す「炊き増え」というトリックだ。商売人ならみな知っているはずだが、ほとんどの一般人はこのことを知らない。

ぬれ手に粟の炊き増え

「炊き増え」とは、文字通り炊くと増えることだ。何を炊くかというとコメ、麦、トウモロコシ、大豆などの穀物だ。穀物以外にも、炊いたりふかしたり煮たりすると増える食材は、すべてこの炊き増え食材の仲間に入る。

たとえば、乾燥野菜や冷凍野菜、乾燥肉、乾燥ナマコなども入る。いずれも火を使う際に、水や野菜を加え水分を補給するともとに戻る性質の食材だ。

ただし、火を使うあるいは温めると増える食材のすべてを、この炊き増え食材としてよいのかとなるとそうはいかない。

たとえばカップラーメンや、カップ水ぎょうざなどお湯や水を加えないと食べられないインスタント食品は、炊き増えする食材からは除かれる。

中国では、日本と違って、朝食も昼食も夕食も外食といってもよいくらい、外食依存が強い。新婚時代からナベや包丁、食器などを持たない家庭があり、ほとんどは外食という日本ではありえないようなこともめずらしくない。家で食べるときは、スマホで注文した出前もので満足するのだ。

さてコメや麦、トウモロコシ、大豆などが生み出す「炊き増え」というトリックとは、どういうものなのか？

図17は、コメを例に炊き増えのトリックを描いたものだ。炊き増えの原理を理解するには、コメに含まれる水分量が収穫時と炊飯時とのあいだに、大きな差があるのを知ることから始まる。

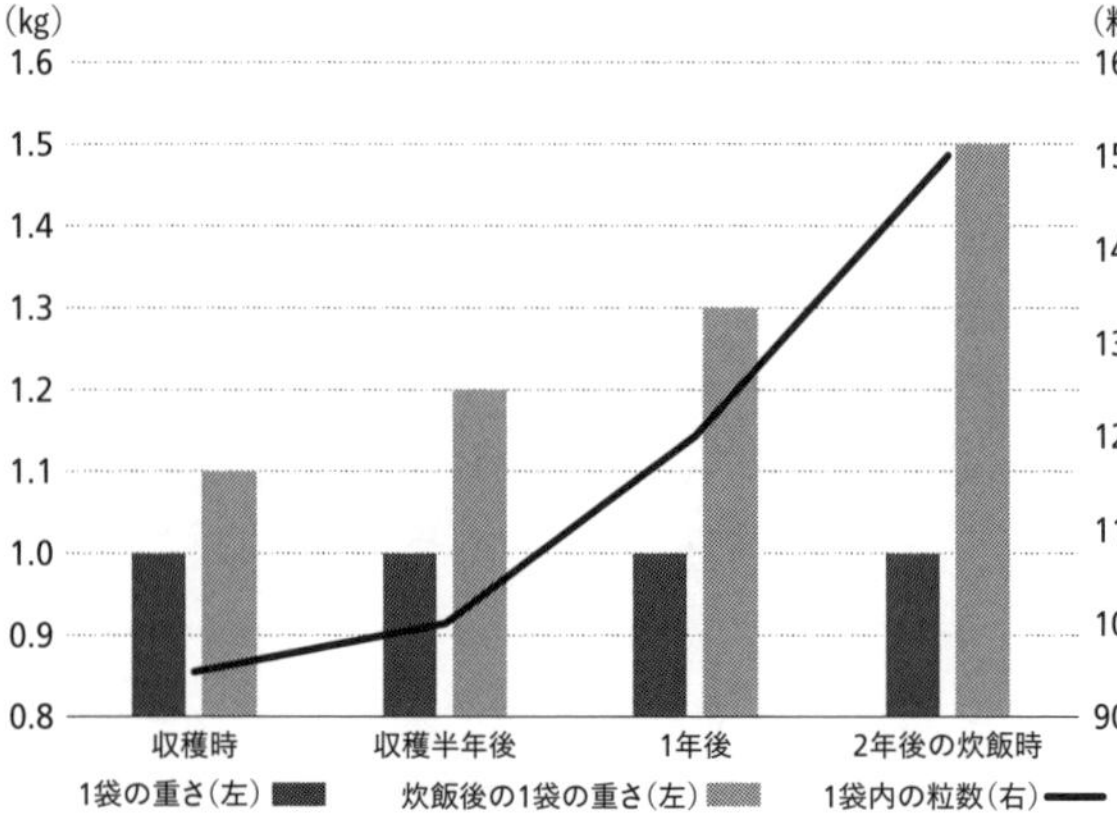

図17　たとえばコメの炊き増え
収穫時の粒数を95と仮定。

蒸したり煮たりすると、コメや麦は、古いほど多くの水分を吸収するので、かさ張り重くなる。

コメを例にとるとわかりやすい。コメは新米ほど香りもよく、炊いたあとは柔らかく、おかずがなくてもおいしく食べることができる。香りがいいことも、経験的にだれもが知っている。

しかし、新米には水分も多く含まれていることは意外と知られていない。

コメなど穀物のいのちは水分だ。新しいほど水分が多く、時間がたつにつれて乾燥する。ポイントはこの点にある。古いほど乾燥しているので重さは軽い。しかも値段は新しいものに比べると安い。

外食産業の食材買付係は、古くて安いものを好んで買い求めるのが普通だ。同じ重量なら、古いほうが乾燥している分たくさんの粒が入っているからだ。

乾燥している食材は軽いが、炊くとふっくらと、新しい食材と変わらなくなる。減っていた水分が、もとに戻るからだ。新米の一キロ当たりの粒の数を仮に一〇〇とすると、古米は一二〇～一三〇粒だ。

つまり新米より安い古米は、実質的に内容量が多く、安さと量で得をするのだ。古いほど安くて乾燥しているから、同じ重量のコメを買うなら、古ければ古いほど得をする。その得する割合は、新米に比べ二〇～三〇％に達する。

外食で食べる食材が、古いかどうかを区別できる人はほとんどいない。チャーハンや、マントウ、麺類にかぎらず、味は大きくは変わらない。とくに中国料理の定番であるチャーハン、これにはさまざまな具が混ざる。すると、コメの味や風味は具の味や匂いに隠れてわからなくなる。いいコメか悪いコメか、判断できなくなる。この点が、このトリックのミソだ。

中国の外食産業には、推計で年間三兆三〇〇〇億元（約五六兆円、二〇一六年）の売上があるとされているが、その二割は炊き増えの効果、つまり六六〇〇億元（約一一兆円）分が、ぬれ手に粟《あわ》の売上なのである。この部分はまる儲けとなる。

二〇一六年、全体のＧＤＰは七四兆四一二七億元（約一二六五兆円）だから、炊き増えはＧＤＰを約〇・九％も増やす効果を持っているのだ。

一七　増える財政赤字のトリック

増える財政赤字

四〇年間もの長きにわたって高度経済成長を続け、いまや世界第二位の経済大国となった中国。さぞかし国の歳入も裕福で、どこかの国のように、毎年、自転車操業に明け暮れることもなかろう、というとそうでもないから不思議だ。

中国の財政の仕組みは、中央政府財政、地方政府財政、この二つを合わせた国家財政の三つの項目からできている。中央政府は地方へ税収のほぼ半分を交付する。日本の地方交付金の制度と似ている。

中国の二〇一六年の国家財政の年間一般公共予算額は税収などの収入が一五兆九六〇〇億元（約二七一兆三二〇〇億円）、支出一八兆七八〇〇億元（約三一九兆二六〇〇億円）。日本の一般国家予算額の約三倍と巨額だ。

支出が収入を二兆八二〇〇億元ほど上回る。中国の国家財政は赤字である。この赤字を埋めるため、この年、中央政府は地方政府の赤字も一部負担することを含む、三兆八六九億元（約五二兆四八〇〇億円）の国債を発行して、財政のやりくりをした。国家財政というのは、中央と地方を合わせた財政の合計額である。国債を発行する役割は、中央政府が担っている。

次に地方政府全体の予算を見よう。同じ年、収入は一四兆四七〇〇億元（約二四五兆九九〇〇億円）。支出一五兆四四〇〇億元（約二六二兆四八〇〇億円）。九七八〇億元（約一六兆六三〇〇億円）の赤字を記録している。

この赤字を補うことや地方政府が発行した地方債の返済財源を確保するなどのため、この年に発行した中央財政債券は三兆五三四〇億元（約六〇兆円）と巨額だった。

本書の原稿を書いている時点では、二〇一七年の予算実績の詳細は公表されていないが、地方政府全体が発行した地方財政債券の概要は公表されたばかりである。それによると、その発行額はさらに増え、四兆三五八一億元（約七四兆一〇〇〇億円）の巨額となっているから驚きだ。

自転車操業の財政

この巨額の債券の発行額のうち、なんと二兆七六八三億元は、すでに発行された債券の返済のための発行だ。だから事業のために自由に使える額は約一兆五九〇〇億元、新規発行額の四〇%もない勘定だ。なら、もっと発行したらどうかと思うが、毎年の発行限度額が中央政府によって制限されているのでそれはできない。

国家財政が赤字になり国債や地方政府債を発行すること、ついでにいうと、企業や個人の長期間にわたる借金は基本的に同じ財源から返済される。同じ財源とはほかならぬGDPであり、いうなれば、借金とは、借金をした時点で、将来の生産総額を先食いしたことに等しい。

生産総額が増え続ければ、借金を返済したあとに、前向きに使える財源は減らないか増えるが、そうでない場合、経済活動は停滞するか縮小する。日本がよい例だ。

図18のように、中国の地方政府のトップは、日本の都道府県に当たる省と自治区だ。行政組織としてみると、省と自治区の下に市(三三三市)があり、その下に県がある。市にも格式があり、四つの直轄市(北京市、天津市、上海市、重慶市)があり、その下に一線都市、新一線都市、二線都市、三線都市、四線都市、五線都市がある。日本に来た中国人が、

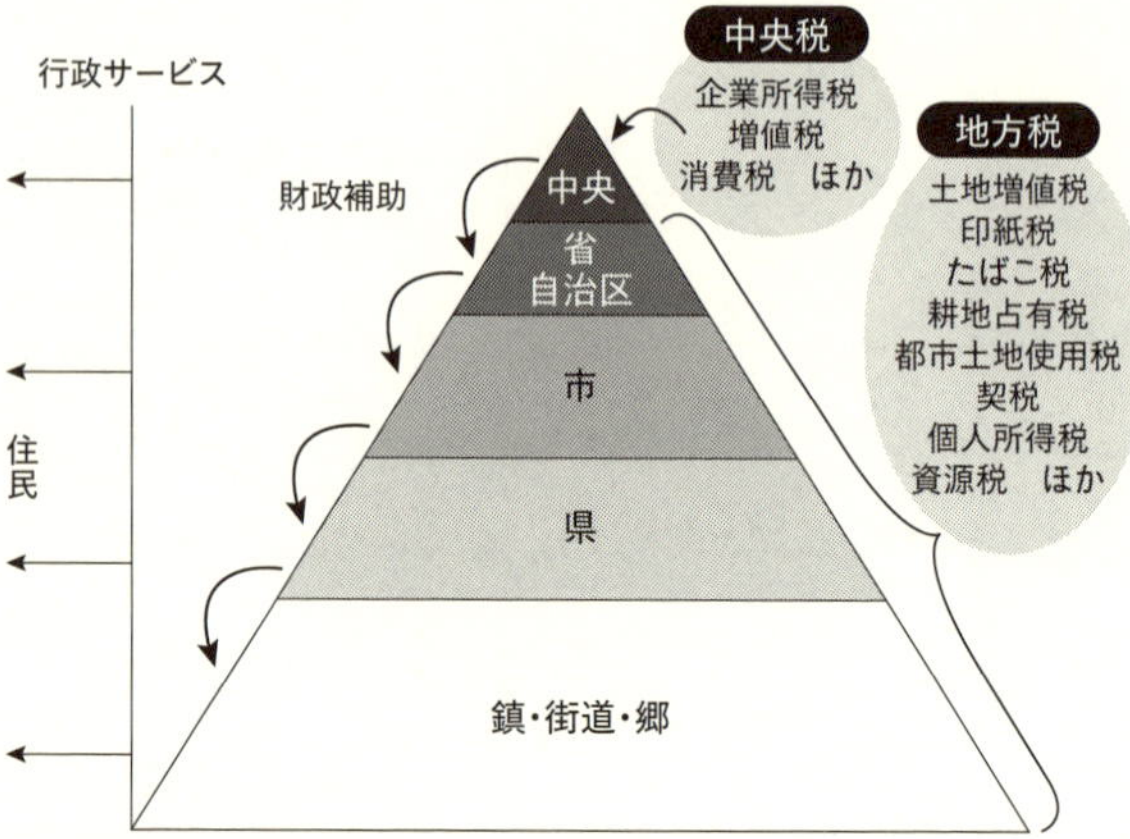

図18　中国の全国税制の仕組み

大阪市や名古屋市が府や県の下にあることを聞いて驚くことがあるが無理もない。

北京市など四つの直轄市は、省と同じ権限が与えられた都市だが、ほかの市の区分の基準ははっきりしない。人口、経済活動、市民生活などが大きな基準のようである。

また、二八〇〇あまりを数える県の下には、鎮、郷、街道があり、その下に区や村がある。鎮と郷は、ほぼ同じ行政上の階層に属する。村は行政の権限がなく、いわば地区割のようなものだ。鎮や郷は住民の最も身近な自治体で、普通、中国人が「政府」という場合には、県政府か鎮、郷政府を指すことが多い。

一般に、鎮は都市部に郷は農村部に多い。街道は日本の町内会のような居民委員会とい

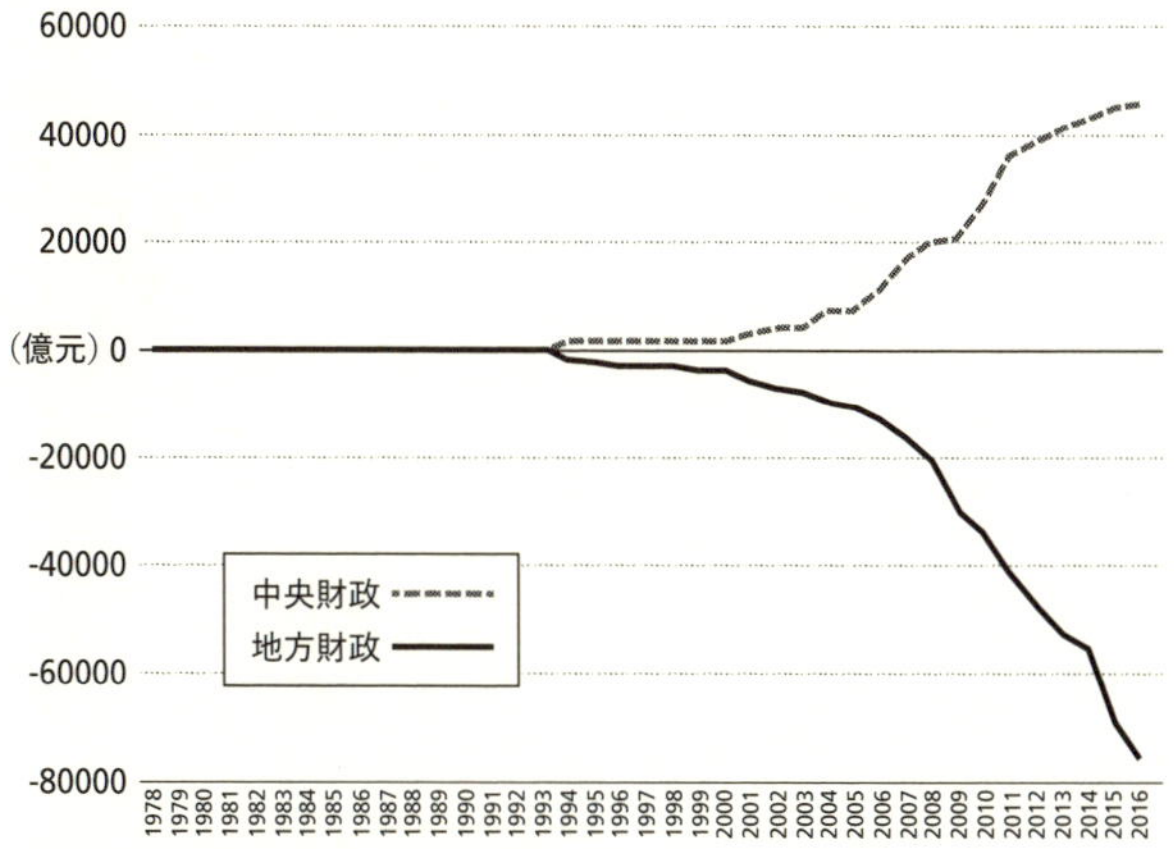

図19　中国の財政赤字（中央・地方財政）

う住民組織が複数集まったもので、日本に当てはめれば小学校区くらいと思えばよい。郷は集落や地縁的な村々がいくつか集まった最も小さい自治体だ。

地方財政問題という場合は、これら省、市、県、鎮、郷などの財政問題である。図18のように、それぞれの行政組織が税の徴収権限を持つが、税は中央政府の金庫に入る中央税とそれぞれの段階の地方政府が徴税する地方税の二つがある。

中央税は中央政府がすべてを使うのではなく、そのうちの半分くらいは下部の地方政府（まずは直轄市、省、自治区）へ交付される。それを受けた上級の地方政府は市へ、市は県へ、県は鎮、街道、郷という順に交付する。

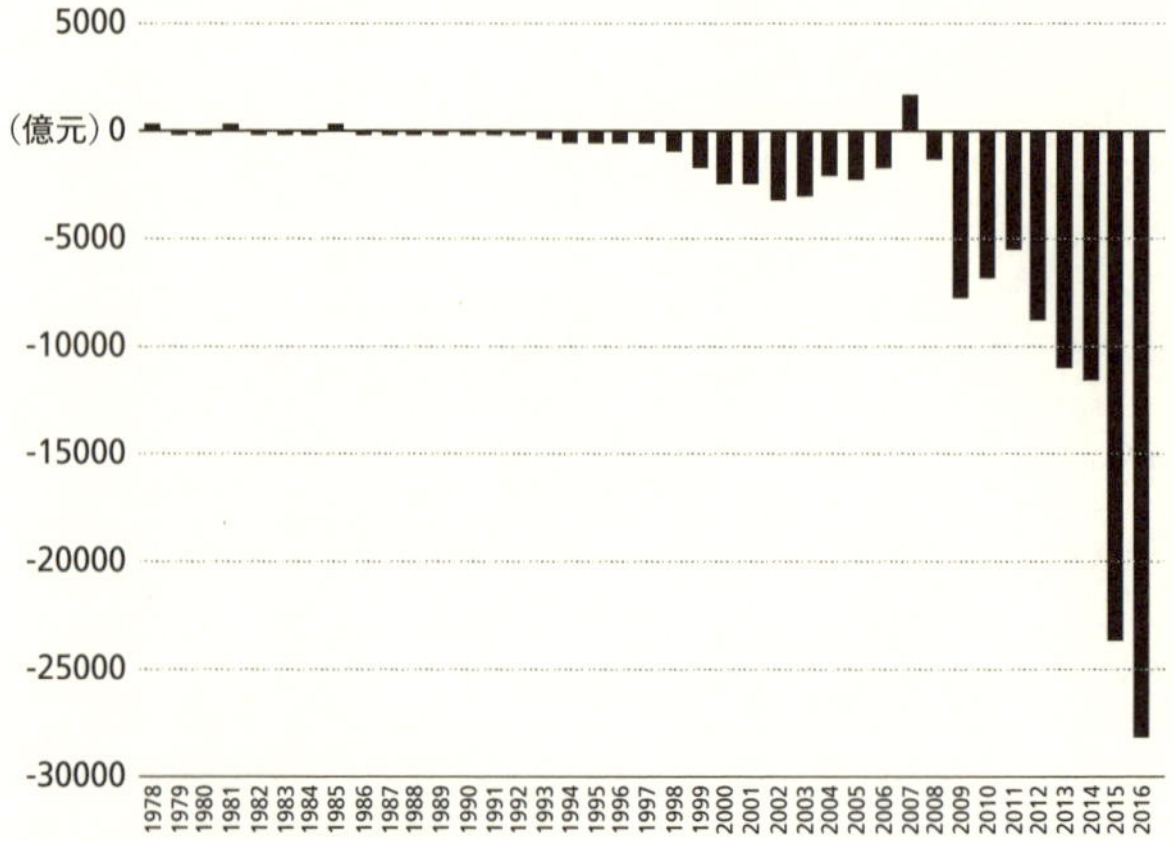

図20　中国の財政赤字(国家財政)

地方政府の収入の大きな財源は税収と非税収入からなるが、図19に見られるように、一九九〇年代の半ばから赤字に転落し、リーマンショックのあった二〇〇九年頃から、赤字幅は大きく膨らんだ。中央財政は黒字だが、両方を合わせた国家財政は、図20のように二〇〇九年頃から急速に悪化した。悪化は急テンポで進んでいる。

地方政府の出世競争

国家財政は、一九八〇年代からずっと赤字だ。一九九四年から、国家が上げた税収は中央政府と地方政府とで二分するように改めたが、地方政府のカネ遣いが荒いせいか、国家財政は火の車だ。

もともと、税収能力に限界があるうえに、税のうち中央政府の取り分になる税が多いことから地方政府を助けるために始めた税制改革だったが、このままいくと、財政赤字が危機的な状況になった日本の二の舞になりかねない。

この問題は、地方政府の厳しい債務問題と直接関係しており、改善の糸口さえ見つかっていない。背景には、決まって地方政府が競う経済成長業績主義がある。この業績主義とは、経済成長の実績が上がれば政府責任者の国に対する貢献として評価され、上を見たらきりがない出世の階段を人より早く駆け上ることができるという仕組みのことだ。最も目立つのは地域経済の発展、GDPを伸ばすことだ。

GDPを伸ばす手っ取り早い方法は、政府がお金を出して、道路や橋、商業施設や住宅をひっきりなしに建てる公共投資だ。これがケインズ政策だ。

中国の行政組織の中で最も強い権力を持つ者は、共産党委員会の書記、次が市長とか県長（知事）だ。この二人は、ときに、権力争いを演じるほど仲が悪いが、経済成長至上主義者である点では、どちらも共通している。

地方政府の赤字は省、自治区、市、県、鎮、街道、郷まで一貫しており、その赤字を埋める策として、どのレベルの政府も、いくつかの方法を使い分けている。

具体的には以下のようなアクロバット的な方法を巧みに使い分けることによって、地方政府の負債は隠され、実態が見えにくくなってくる。

①政府債券（地方債）を発行すること。

②政府性基金と呼ぶ特別会計を通じ、農民から農地を取り上げて売却して現金を手に入れること。

③ほとんどの地方政府が設けている融資平台といわれる融資プラットフォームを使い、民間から資金を引き出すこと。

④地方政府が設立した企業の儲けを取り込むこと。

⑤地元の金融機関、合作銀行や信用社などに借金すること。

このうち①の政府債券の発行は、どの地方政府でも自由にできることではなく、四つの直轄市と省、自治区レベルの政府に限定されている。農地を農民から収用して不動産開発業者などへ売却する②の方法は、県以上のレベルの政府のあいだで、最も普及した方法で、確実に資金を調達することができる。農民にとってはたまったものではない。農民に農地所有権がないから、政府はいつでも、土地を取り上げることができる。しかし、鎮や郷など最下層に位置するところでは、上級政府である県や市の許可がいるので自由度がかぎられる。どのレベルの政府でもできるのは、③から⑤である。

③の融資プラットフォームは、地方政府が行う金融業務、住民や中小企業経営者相手に高い利息でお金を貸して儲ける仕組みだ。さらに、担保としてとった農地、債券、自動車などの物件を転売して収益を上げることも立派な業務の一つだ。

④は融資プラットフォームが金融業務を営むのに対し、政府が作った第三セクターや子会社が設けた利益稼ぎの道だ。地方へ行くと、地方政府が不動産業者、旅館やホテル、中華料理店、遊技場やカラオケ店まで、何でもありの会社の兼営を行う例が非常に多い。最近、習近平の贅沢取り締まり令が出てから、廃業に追いやられる飲み食い業者が目立つというが、以前は、政府経費で接待を行い、それらを含む利益を政府に還元することが日常茶飯事のように行われていた。

⑤は借り入れる行為であるが、主として、地方政府の短期の資金繰り資金の借入によって抱えている負債の、返済のためなどに当てることが多いといわれる。

ある県政府の財政

以下は、地方政府の財政について、監査および財務資料が公表されているF省T県政府を例にしたものだ。

T県は台湾海峡の沿岸、F省のS市からやや奥に入ったところにある人口四〇万人ほどの比較的小さな県である。産業は伝統的な陶器製造や水力発電、自らを「世界陶器の郷」と称しているほどだ。ほかには梨生産や水稲などが盛んだ。

T県の二〇一七年度の一般会計収入一六億元（約二七二億円）、うち税収（地方税）七億五〇〇〇万元、非税収入（国有資産賃料など）三億八〇〇〇万元、小計一一億三〇〇〇万元だ。この金額が、T県の自前で稼いだ収入である。

このほか、T県の場合は上級政府のS市からの移転性収入が四億四〇〇〇万元、これを合わせると、県の収入は、合計一五億七〇〇〇万元となる。中国の地方政府収入に特有な、上級政府からの移転性収入は大きな財源となり、T県の場合は、全体の収入の二八％にも達する。金庫の外に、もう一つ大きな金庫が付いているようなものだ。

支出は、これらの収入を財源とするわけだが、教育、医療、社会保障、農林業の振興策など、行政上の多くの支出が行われる。支出の中で、日本の自治体財政にはない上級の政府、この県の場合はS市に、徴収した地方税の一部を還付するという支出がある。金額的には三三〇〇万元だが、上級政府からの移転性収入はいただき、上級政府に納めるべき税は返すという、ややこしい処理である。T県とS市だけではなく、全国的なやり方である。財務資料によると、T県は二〇一六年末に、二九億三九〇〇万元（約五〇〇億円）の負債残高がある。小さな県政府にとっては大変大きな額であり、この負債残高とは今後長い期間、お付き合いが続くのではないか。

ある市政府の財政

では、上級政府であるS市の財政はどうかを次に見よう。S市は台湾海峡の沿岸部、台湾とは目と鼻の先、人口は八六五万人、市の中に四つの区、三つの県と同格の市、そして五つの県がある。その一つが前述のT県だ。

二〇一六年のS市の本級一般公共予算収入は七二億五〇〇〇万元（約一二三二億円）、うち地方税収四五億五〇〇〇万元、国有資産賃料などの非税収入二七億元。さらに、特別会計の本級政府性基金収入四一億八〇〇〇万元などがある。政府性基金とは土地販売など、特別会計を管理する口座だ。

この政府性基金収入の大部分を占めるのは、農地を農家から強制的に収用して販売して得た収入、価格ゼロの農地を収用後に、住宅用地や商業用地として販売して、巨額の富を手にしたものがこの部分だ。

これ以外に、F省政府からの下級政府の移転性収入があるはずだが、予算関係資料のどこを探しても明記されていない。

S市財務資料によると支出は一三億元の下級政府に対する補助金、債務に対する支払利息六四〇〇万元などを含む一一〇億一〇〇〇万元、本級一般公共予算は、三七億七〇〇〇万元のマイナスだ。本級政府性基金も二億七〇〇〇万元のマイナスである。

S市はかねて財政悪化が問題視され、二〇一六年、支出抑制をはじめとする厳しい監査局の指摘が行われた経緯がある。

ある省政府の財政

最後に、T県とその上級市のS市が位置するF省政府の財政収支を見よう。F省の人口は三九〇〇万人。比較的、日本人を好きな人が多いところだ。一人当たりの国民総生産は一万二七〇〇ドルと、中国の中では高いほうに属するし、日本の四分の一程度だから国際的水準としても低いほうではない。

二〇一七年の財政収入のうち、税収一四六億元、非税収入一一三億元、小計二五九億元。

これに、中央政府からの移転性収入八九一億元、下級市政府の地方税のうち、上級政府の取り分の清算二一八億元などを加えると、一般会計総収入は一四五八億元（約二兆四八〇〇億円）に上る。

このほかに、収用した農地の販売代金一四九一億元を含む一六三四億元（約二兆七八〇〇億円）の政府性基金収入などがある。一般会計予算収入を農地販売代金が上回るという、土地依存型の収入となっているといえよう。

農家に対する補償金など、収用した農地のコストは、この巨額の販売代金収入に比べれば限りなくゼロに近い。まったく、この政府は、いい打ち出の小槌を手に入れたものだ。

他方、支出のうち下級政府に対する税の移転性支出は九〇六億元（約一兆五四〇〇億円）。うち下級政府の一つS市へは、六七億元（約一一四〇億円。政府性基金などの分野からの支出分を含む）が支給されていることが明記されている。

中央－地方一体型赤字

以上のように、中国の自治体の財政は中央政府を頂点に、地方の省、市、県など下部機関の末端まで、以下の系統組織内にお金を流すことでつながっている。

中国の財政の仕組みは非常に複雑で理解するのは容易ではないが、次のキーワードを理解すると、なんとなくわかったような気分になる。

それは本級一般公共予算、一般公共予算、政府性基金予算、国有資本経営予算、移転性収入、上解、下解（上級または下級政府への移転）という言葉だ。

「本級」とは上級政府からの移転性収入などを除く、その政府自身の自前の予算、「本級」が付かない一般公共予算は、これらを足したものだ。政府性基金予算や国有資本経営予算は、日本の特別会計と思えばいい。

この中で、とくに政府性基金は財政の赤字を隠す役割を持つ財政トリックだ。その心臓部分は農地収用、巨額の土地販売代金を地方政府がほとんどコストなしで手に入れることにある。

また中央－省－市－県－鎮、街道、郷とつながる財政の一体的つながりのもとで、どの部分が赤字体質で、どの部分が黒字体質なのか、よくわからなくなる財政構造こそがトリックの核心を形成している。

中国の財務の仕組みは先進国にはないほど複雑で、素人には難解すぎる。

中国政府は、細かなところ、大きなところにかかわらず突如として制度の改正を行い通知することが多い。改正の公表は関係省や局のホームページで行われるが、見逃すことも多い。かといって、四六時中、中国官庁の細かく、そして情報の山脈と比喩できるようなホームページを見続けているわけにもいかない。もし、これを実践しようとすると三、四日もすれば、あまりの複雑さに入院するはめになることは間違いない。

由《よし》らしむべし知らしむべからず（『論語』中国伝統の政治観。支配者は世の民をしたがわせるだけでよく、その道理を民に理解させることはない）ということか。

一八　キャッシュ・レスと人民元政策のトリック

政府主導型の金融体制

中国の金融制度は西側の先進国に比べると、未整備なところが多々ある。特徴的なことを一つ挙げるとすれば、まず中央銀行たる中国人民銀行が、政府の行政部門に属する点だろう。

日欧米では、中央銀行、日本ならば日銀は行政や政治から独立した組織だ。もっとも日銀の独立性は黒田氏が総裁になって消えたという見方もできるが。これに対して、中国の場合、中央銀行の存在意義にかかわる金融政策の独立性を保証する中国人民銀行の中立性と独立性は明確にない。

中国は、それよりも共産党が支配する経済基本政策と金融政策の一体的運用ができるほうを選んでいる。そればかりか、政府が銀行に利益を与えようとすれば、簡単にできるようにした点では特別な仕組みだ。中央銀行の総裁選びも、事実上、共産党トップの意向で決まる。

　中国の金融政策の特徴は、まずは、民間の銀行がいざというとき、たとえば金融パニックを避けることなどを目的に中国人民銀行に預ける預金準備率（預金残高に掛けて計算）が高いことだ。二〇一八年五月現在、大手銀行で一六％、中小銀行で一四％と国際的に非常に高い水準にある（日本は、金融機関ごと、預金残高の大きさごとに預金準備率は異なり、おおよそ、〇・〇五〜一二％）。

　銀行預金の取り付け騒ぎなどが起きた際、銀行は少なくとも、一四％から一六％までの預金は即座に払い戻すことができるということだ。つまり、突然起きた預金引き出しに応じる能力が高いことを示すものだ。

　何か起きた際、預金者は預金準備金として人民銀行に預けた残りの八四％から八六％を、引き出せないということではない。取り付け騒ぎが起こる銀行の数はかぎられるから、仮にある銀行で全ての預金者が引き出しにかかったとしても、中央銀行の金庫には、ほかの多数の銀行からそれぞれ預かった準備金が、取り付け騒ぎが起きた銀行の全預金の何倍もの預金額となって眠っているからだ。

中国のベースマネーは変だ

ここで取り上げるのは、中国のベースマネーである。中国の金融当局は、このベースマネーの扱い方、銀行などの金融市場へのお金の供給と吸い上げ方をきわめて特徴的な方法で行っている。

ベースマネーとは、簡単にいうと現金通貨（人民銀行券＝お札、補助貨幣＝コイン）と民間金融機関の法定準備預金（中国人民銀行の当座預金）を合計したもののこと。中国人民銀行が世の中に直接的に供給するキャッシュのことである。

もうすこしかみ砕いていうと、世の中に出回っているキャッシュに、さきほど話題にした預金準備率にもとづいて中国人民銀行に預けられている預金準備金を加えたものである。預金準備金を中国人民銀行に預ける方法はキャッシュであり、中国人民銀行と民間銀行のあいだの帳簿上の勘定の振り替えによって、銀行が預金したかのように決済することはできない。つまり中央銀行（中国人民銀行）が印刷したり鋳造したりして作る銀行券とコインであり、そのうちの一部が、準備金として中国人民銀行に預けられている。

ベースマネーの呼び方はさまざまで、マネタリーベース、ハイパワード・マネーなどと呼ぶこともある。中国では、一般に「貨幣基礎」と呼んでいる。なんとなく、名は体を表

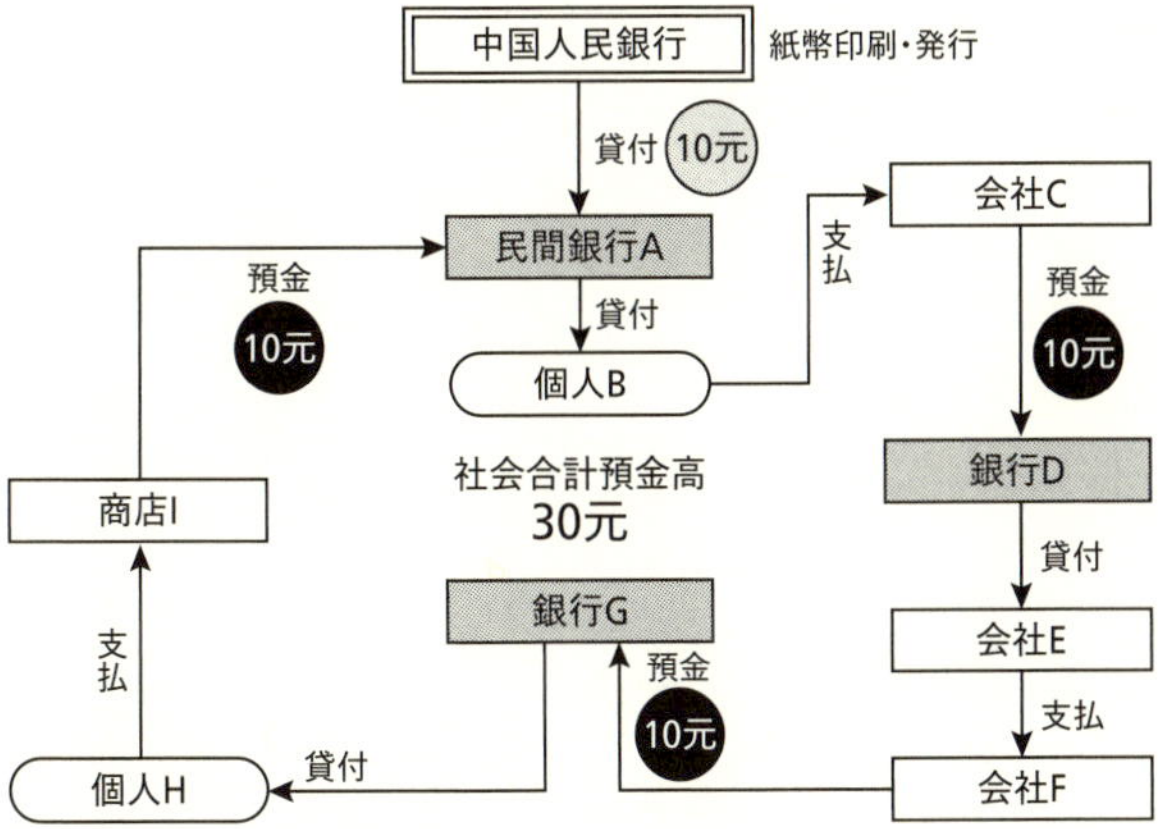

図21　ベースマネーと貨幣供給量

す呼び方だ。

さて、中国のベースマネーの具体的な特徴は、ほかならぬベースマネー自体の操作の仕方にあり、それは、①明確な季節性があること、②ベースマネーの量に対する貨幣供給量の倍数がきわめて高いことなどである。この点は、日本の比ではない。

貨幣供給量とは、ベースマネーが人の手から手へ渡っていったときのある状態のことである。ある状態というのは、手元にある現金、銀行預金などを指す。

これは図21のように説明できる。たとえば、一枚の一〇元札が、中国人民銀行で印刷されてから、民間の銀行Aに貸し出されるところから出発することを想定しよう。この場合、金利は無視する。

銀行Aは、だれかに貸し付ける目的で人民銀行からこれを借りたので、この一〇元札をたとえば個人Bの求めに応じて貸し付ける。個人Bがこれを借りた理由は、たとえばある商品を会社Cから買うためである。会社Cはその代金一〇元を受け取り、しばらく使う予定がないので、取引先の銀行Dに預けた。この銀行は、一〇元を預金として計上した。

しかし、新たに登場した会社Eが一〇元を借りに来たので貸し、会社Eは会社Fへの支払いに充てた。支払いを受けた会社Fは当面、この金を使う予定がないので、これを銀行Gに預金することにした。

そして銀行Gは、個人Hの求めに応じて、この一〇元を貸し付けた。個人Hはその一〇元を商店Iから買った商品の代金支払いのために使った。その支払いを受けた商店Iは、一〇元を銀行Aに預金した。

以上、AからIまでの取引の結果、一〇元ずつの銀行預金を持っているものはだれかというと、会社C、会社F、商店Iの三者で、預金高はそれぞれ一〇元だが、円で囲んだ一〇元の預金を持っている預金者は三名なので、社会全体が別々の銀行に持っている預金は合計で三〇元になる。

ところが、一〇元札は最初に中国人民銀行が銀行Aに貸し付けた一枚しかない。同じ一枚の一〇元札を九つの取引先が、合計で九回の取引を行った結果、社会に三〇元の銀行預金が生まれた。

この三〇元が貨幣供給量と呼ばれるもので、一枚の一〇元札をベースマネーと呼んでいる。だから、一枚の一〇元札は九回転もの大働きをして、最後には三〇元の預金を社会にもたらしたことになる。

一枚一〇元の紙幣が社会に合計三〇元の預金をもたらしたので、一〇元が三〇元、つまり三倍の貨幣価値を作り出したことになる。この倍率を貨幣乗数または信用乗数などと呼んでいる。

超高速のお金の回転

この理屈を理解していただいたうえで、中国の話に移りたい。

中国のベースマネーと貨幣供給量との関係のあり方には、以下のような特徴がある。

最近は両方とも、成長率が低下しているが、ベースマネー一に対する貨幣供給量の倍率は上昇する傾向がある。小さな愛の言葉だけで、何倍ものうれしさがこみあげてくる熱い恋人同士のような関係だ。

いったい、これは何を意味するのだろうか？

中国の金融制度は複雑であり、金融機関の規模の差が大きいことにかけては、とても日本の比ではない。また、国有銀行と私営銀行、商業銀行（預金と貸付、決済業務など、日本の銀行と同じような業務を行う銀行）と貯蓄銀行（貯蓄専門の銀行というわけではないが、預金や債券発行による資金集めを行い、貸付は特定の部門を中心に行う銀行）、銀行とノン・バンク、正規金融（政府が認めた金融機関の業務）と非正規金融（違法な金融取引）と、さまざまな形態が絡まっており、清濁が互いに棲み分けあっている。

最近は、これに加えて、アリババなどネット金融の爆発的な発展がめざましい。いままでの金融機関や金融組織に、殴り込みをかけている最中だ。

国有銀行とは、文字通り国が所有する銀行だが、その規模は、日本最大規模の銀行であるゆうちょ銀行をも大きく上回る。中国工商銀行、中国銀行、中国建設銀行、中国農業銀行の四つが国有大商業銀行だ。

しかし、最近は、中国の銀行事業が伸び悩む傾向が見られるようになった。原因は、もともとは金融機関でなかったアリババなどが金融業務に乗り出し、金融機関の経営を圧迫し始めたからだ。

これは庶民の銀行への抵抗であり、現地では、銀行への恨みが一気に噴出した結果でもあるともいわれている。これまで、銀行は庶民を相手にせず、そのことに庶民はさんざん泣かされてきたからだ。恨み骨髄に徹しているのだ。

庶民が、お金がなくて切実な状況でも、銀行は彼らに見向きもせず、ひと握りの大金持ちや大企業しか相手にしなかったからだ。アリババの創業者であるジャック・マーは、自らのスマホ金融は、そんな横柄な銀行へのある種の挑戦なのだといっているらしい。これで、庶民はアリババの味方についた。そして、いま、銀行をひん死の状態にしようとしている。

とはいえ、中国の通貨は人民元しかない。ビットコインなどの仮想通貨は、中国ではご法度だ。金融の担い手が銀行のみならず、スマホ金融にも広がったにせよ、ベースマネーがなくなることはないし、通貨供給量がなくなることもない。それぞれのあり方や量が変わる可能性は否定できないが。

中国人民銀行の危機

ただし、スマホ金融の大きな効用は、中国を急速なキャッシュ・レス社会に転換させたことにある。

どんな店のどんな商品であっても、スマホの決済アプリをかざすだけで支払いは済む。路上の物乞いや青空市場で野菜を売る七〇歳のおばさんもスマホを持っており、お金をいただく。おつりを払う必要はないから、現金も財布もいらない社会が中国には来ている。

こうなると、世間から現金が消えてもおかしくはない。画面の数字を押すだけで、支払いも預金も完了するのだから、いちいち現金を持ち歩く理由がない。加えて「芝麻《ゴマ》信用」といわれる利用者の信用を格付けする機能も普及し始めた。

日本だと、高い手数料を払って、コンビニのATMで現金を下ろしてまで、現金で支払うこともある。中国では、社会のすみずみまでキャッシュ・レス社会が浸透しているのでATMは無用の長物と化している。

こうなると、現金主義が当たり前の社会を前提として成り立っていたベースマネーや貨幣供給量、金融行政、銀行の役割は、それ自体、大きな変更が必要になる可能性がある。

最も考えられることは、ベースマネーの縮小とこれにつながる貨幣供給量の縮小だ。こ

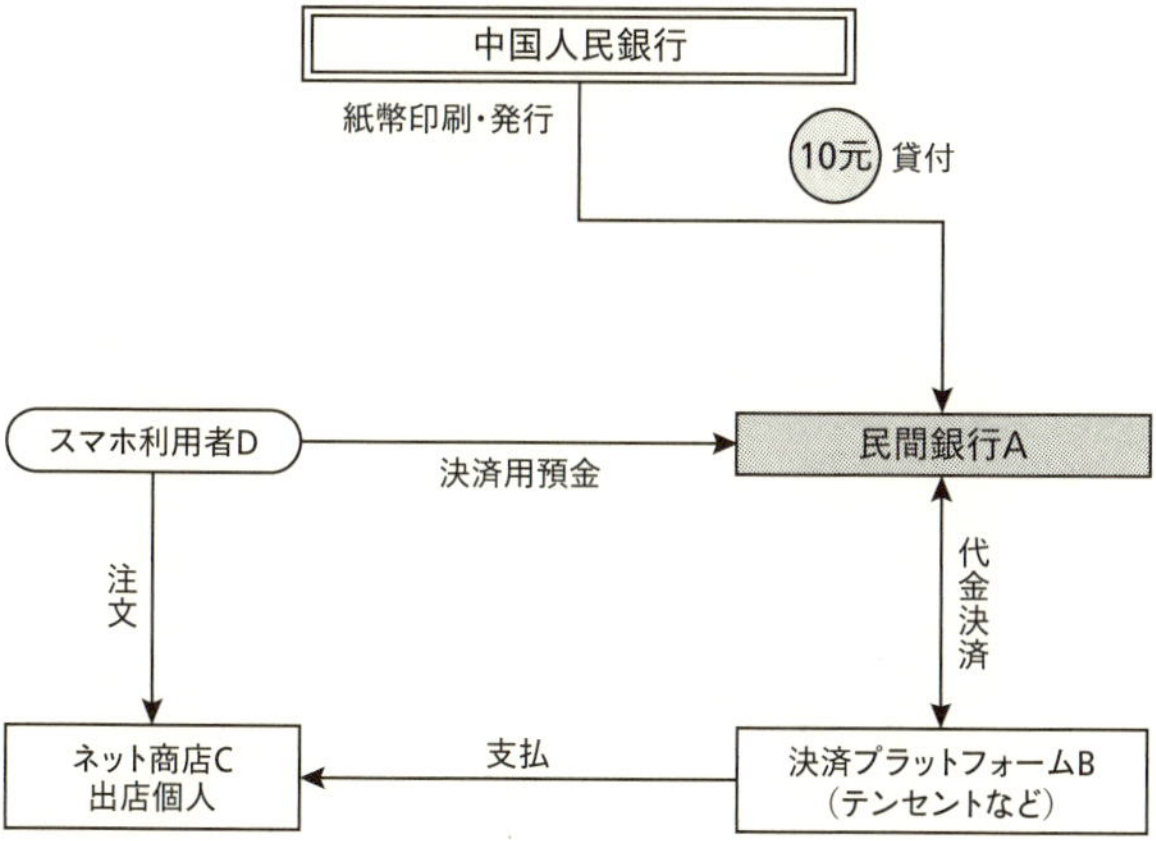

図22　ベースマネーと貨幣供給量の同量化

うなると、図21は図22のように変わり、金融市場の常識を根本から変える大変革になる可能性がある。

というのは図22が示すように、民間銀行Aに預金された一〇元以外、どこにも預金が存在せず、その預金を受け入れるはずの銀行が、銀行Aのほかに存在しないからである。貨幣供給量は一〇元だけであり、図21で描いた金融市場の姿とは別世界のように変わっている。こういうことを生むのがキャッシュ・レス社会だ。

貨幣供給量の縮小と中国人民銀行の役割減

ここでは、二つのことが同時に起きている。

一つは、前述したベースマネーと貨幣供給

量が減ること、もう一つはあるはずの銀行が消えて一つになることだ。これによって明らかになったことは、ネット通販と一体になったスマホ金融が普及したことで、貨幣も銀行も減ると見る人が多いということだ。

現に、中国であれほど権勢を誇った大から小までの銀行が、いまや、急激な不況の時代を迎えているといわれている。中には、破産するところが出るとか、リストラが始まったとかいう噂も流れ始めた。実際に、どの銀行も人員整理に着手し、リストラは、二〇一七年、五大銀行合計で、全体の二％弱に当たる三万人近くにも達したという。だれもが予期しなかった、銀行受難の時代が訪れたのかもしれない。

また、貨幣供給量とベースマネーの減少は、中国人民銀行の財布を小さくすることにつながるので、金融政策の天守閣としては、その存在意義の縮小にもつながることだ。中国の金融政策の舵取りは、中央銀行の易綱《いこう》総裁から、アリババの創業者のジャック・マーへ移ったという見方も中国では出始めた。中国では、金融市場のコントロール機能が民間へ移ったといえるかもしれない。

このような金融市場をめぐる変革は、世界で中国が初めてのことで、金融先進国のアメリカやイギリスにもない。中国に比べれば、日本の金融市場などは一周半以上の後れをとってしまっている。

迫り来る金融制度の大変革

実は、中国のこれまでの長期的な金融政策は、次の三つの修正が政策の中心的支柱だった。

一つ目の修正は、不完全な金利自由化（質的な、政府主導の金融政策の残存）である。中国はこれまで、二〇一三年七月に貸出金利の下限の撤廃、二〇一五年一〇月に預金金利の上限の撤廃という形で、民間銀行の金利自由化を行ってきた。

この二つの制限撤廃は、銀行間の貸出金利の低下、預金金利の上昇、という競争を促す働きをしている。

自由化の結果、たとえば、中国人民銀行が定める期間一年の貸出基準金利は四・三五%だが、二〇一三年七月から、個別の銀行の判断で四・三五%以下に下げることができるようになった。また預金金利の場合は、基準金利の一年もの一・五%が二〇一五年一〇月から上限を撤廃して一・五%以上に上げることができるようになった。基準金利とは、中国人民銀行が決めた、貸出と預金の期間ごとの金利の最低と最高の水準のことである。

しかし、日本やアメリカのように、貸出と預金の金利が完全に自由化されたというわけではない。なお、基準金利そのものの撤廃には至っていない。貸出と預金について、基準金利を中央銀行が設けること自体が、金融当局のなんらかの政策判断による金利の誘導を示すものだからである。

ベースマネーの変動大

二つの目の修正はベースマネーの大量放出とその吸収（量的な、政府主導の金融政策）である。

中国のベースマネーは発行額が毎年、毎月大変に大きく、季節的な変動も大変に大きい。図23がこれを証明している。図の折れ線グラフは前月を一〇〇とした場合の、当月の発行額の比率だが、毎年一月から二月に、前月よりも大きく増える特徴がある。図23の折れ線グラフの帽子状になっているところがそれだ。

棒グラフの数値は、貨幣供給量をベースマネーで割った数字で一八〜二四のあいだにある。これは何かというと、中国人民銀行が発行した人民元のベースマネー（一〇元）で、図21のところで説明した貨幣供給量（三〇元）を割った数である。図21では、三〇÷一〇

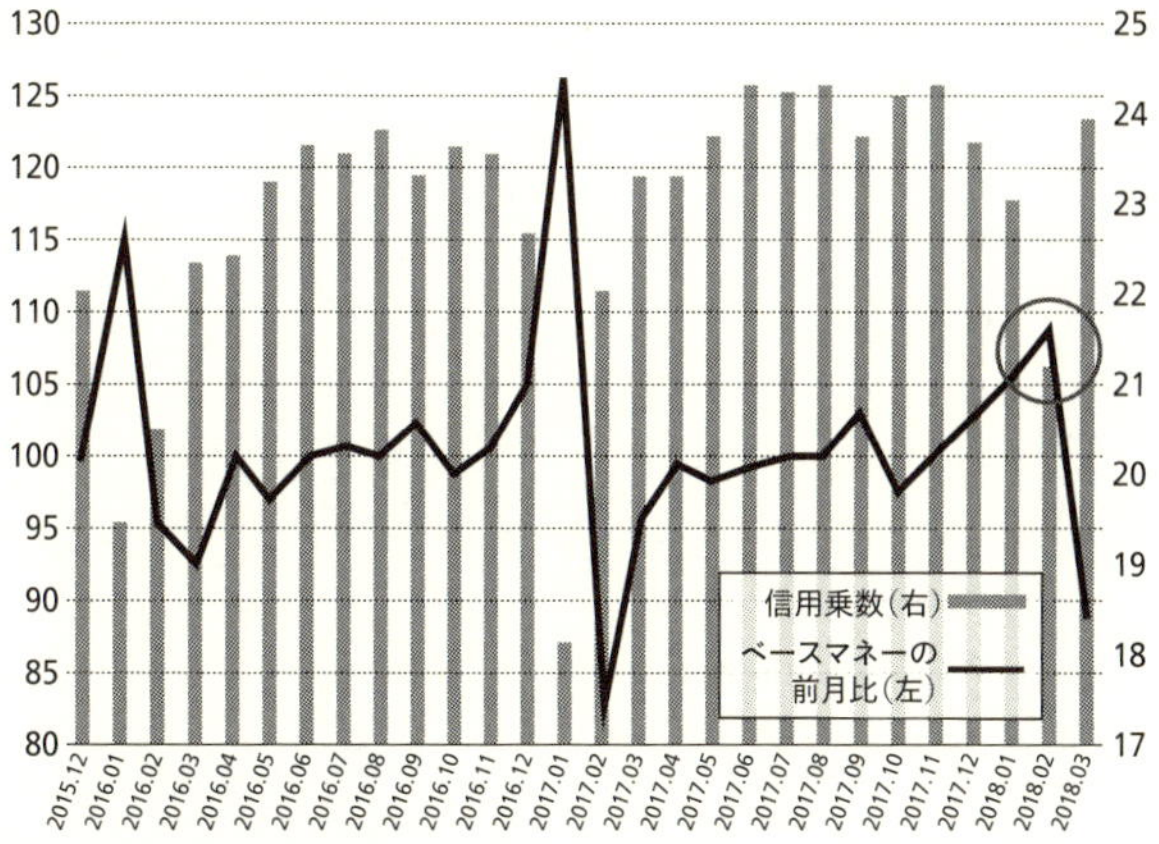

図23　中国通貨発行の不思議
ベースマネーの前月比は2015年12月を100とした場合の数値。中国人民銀行資料から筆者作成。

＝三となる（信用乗数）。

図23の棒グラフは月別のその数を示したもので、たとえば信用乗数が二四の場合、一〇元のベースマネーが人びとの手に回り、そのうちの何人かが銀行に預金した合計額が二四〇元になっているという意味である。ベースマネーと信用乗数には深い関係があり、ベースマネーの発行額が前月に比べて多い場合、信用乗数は小さくなる。ベースマネーの発行額が大きいと、これで貨幣供給量を割るので、その数字は小さくなるからだ。

中国の場合、ベースマネーの大きな変動がある理由は、一年のうち、中国で最も大事な正月（春節）があることと深く関連している。日本以上に派手に正月を祝う習慣がある中国人は、この時期の出費が一年間で最も多い。お年玉を渡すためなどの出費、都市に出稼ぎに行っていた農民が家に帰るための交通費やお土産代など、中国人が最も多くの現金を必要とする時期なのだ。

また年間の平均の信用乗数が二〇を超えるのは、中国特有の現象である。ベースマネーの発行額が多いうえに、貨幣供給量がその二〇倍にも達するのは、経済取引が大変に活発なことを反映している。

ちなみに、日本の信用乗数は七～八、中国の三から四分の一にすぎないから、いかに中国の経済活動に活気があるかがわかる。日本人は、まだ現金主義者がほとんどであるにもかかわらず、こんなに小さい。その理由は簡単。経済活動が鈍い。人がお金を使わなすぎるからだ。もっとも、使いたくても、使いみちがないからしょうがないという人も多い。

減るベースマネー

もう一つ、注目していただきたいことは、図23の〇印で囲んだところだ。二〇一八年二月の折れ線グラフの頂点が、二〇一六年一月と二〇一七年一月の二つの頂点よりかなり低い。そして、二〇一八年二月の棒グラフの長さが前の二つよりも高いこと。この二つは、ベースマネーの発行量が減ったこと、そのために、信用乗数がいつもの年に比べると大きくなったことを示している。こんなことは、過去にはなかったことだ。

なぜこんなことが起きたのだろうか？

実は、この問題は、スマホ決済の普及によるキャッシュ・レス社会が発展したことを反映している。中国はもはや金融市場自体さえも現金を持つ必要がない社会へと急激に変貌中だ。その点が、この図にはっきりと出ているのだ。

人民元の国際化は間もなく完成

そして三つ目の修正が、人民元国際化の抑制的なコントロール（中国通貨の海外使用量の非市場的管理）である。

中国の通貨である人民元も日本の円並みではないが、徐々に国際化のスピードを上げている。通貨の国際化というのは、ある国の通貨が為替取引市場で、ドルやユーロなど代表的な国際的な通貨と自由に売買され、その結果、通貨の価値が毎日、毎時のように変化しながら決まること、海外へ持ち出して、銀行や両替商で市場が決めた価値をもとに自由に交換できること、貿易代金の決済や投資、預金などのためのお金としての役割を果たせること。そして、これらの結果でもあるが、国際的に信用があることなどを指している。日本の円は、国際的な信用も高く、海外旅行などの際、ドルを持っていく必要がないくらいだ。ただし、国際的な貿易代金の決済や海外投資の通貨、外国の人が自分の国で預金する通貨としての利用はいま一歩である。

では中国の人民元の国際化は、どこまで進んでいるのだろうか？

中国の経済規模が世界第二位となったことを反映して、国際的な通貨として認められる力がどんどんついてきた。二〇一六年一〇月から国際通貨基金（IMF）が国際通貨の信用と安定を保とうとする手段で、通貨のような働きするSDR（特別引き出し権という、IMF加盟国の外貨にかわる支払い権利）に人民元を加えた。

これまでは、通貨の力に応じた分量で、ドル、ユーロ、円、ポンドにより構成されていたSDRに、人民元が円やポンドよりも多い分量で加えられることになった。これにより人民元の国際的信用力が格段に高くなった。

中国人民銀行によると、二〇一八年一月、海外の六〇か国の中央銀行が人民元をドル以外（ユーロ、円、ポンド）の外貨準備金の一つとして保有する割合が、全世界で一・六六%になったと発表した。一・六六%というとわずかなようであるが、ドルが圧倒的な支配力を占める世界では、非常に高い地位である。

さらに驚くことに、貿易決済や海外投資の手段として使われる人民元も、大幅に増える傾向にある。二〇一六年の貿易決済では五兆元（約八五兆円）以上が、中国による海外投資手段として、同じ年に一一兆元（約一八七兆円）が使われた。また、外国人が中国の銀行に人民元で預金する金額も増加する傾向にあり、二〇一六年一二月時点で三兆元（約五一兆円）に達する。

何よりも、中国は世界一（二番目は日本）の外貨準備金約三兆二〇〇〇億ドルを持ち、それを人民元の国際的流通や信用維持に使うことができる。

貿易代金の決済や海外投資の手段として使われる人民元の数量は、日本の円を大きくしのぐようになった。それだけ、人民元の国際化のスピードが速いということだ。

さて以上述べたことは、中国の人民元の国際通貨としての成熟を意味することでもある。同時に、中国国内で進むキャッシュ・レス社会化は、極端な言い方ではあるが銀行の排除ともいえ、これにより銀行の役割が減り、中央銀行の金融市場への介入効果が削がれることになる一方で、海外における人民元の地位が高まるという皮肉な現象が進んでいる。

奇妙な現象

キャッシュ・レス化が進んでいる中国では、奇妙な現象が起きているという。

一つは、キャッシュ・レス化が進んでいるとはいっても、通貨そのものが社会から消えたわけではなく、ただ流通しなくなっただけなので、どこかに溜まっている。その場所は、ちまたの銀行である。現ナマの流通需要が減るので、金利は低下する傾向を続けている。

もう一つは、世間からコインや低額紙幣が消えたことだ。これはいいにしても、高額紙幣、たとえば五〇元札や一〇〇元札も、使うのは外国人だけになった。その結果、人びとからフトコロぐあいという意識が薄くなり、金銭感覚が消えつつある。

本来、一国の通貨は経済力がつくと価値が上がり、ドルやユーロに対する為替相場は高くなる。人民元も同様で、経済成長率の絶対値がやや低下したとはいえ、世界的には最も高い成長を続けている。となると、輸入は増えるが中国産品の輸出の伸びは鈍ってくる。

こういう状態が続くと、国際収支に悪影響が出るので、これを避けるため、元を本来の価値よりも安くしようと、普通、中央銀行はなんらかの市場操作をする。中国は、この操作をひそかに行ってきたが、その代表的な方法がドル買い、元売り操作である。元を必要以上に市場に流せば、元の価値は下がる。幸いに、中国人民銀行にはたくさんの元がある。

政府の債券売買がもたらすもの

その具体的な操作は、世界一の債券流通市場にある国債や政府短期証券、地方政府が発行した地方債を買い取ることだ。つまり、これらの債券類を買い取るかわりに、キャッシュを市場に向けて放出する。中国の国家財政は毎年赤字で、それを多額の国債や地方債を発行することで補っているからこういうことができる。

逆に、元の為替相場が安くなりすぎたと判断すると、持っている大量の債券を売って、市場から元を回収する。市場に流通している元の量が減ると、その価値は上がる、つまり元高になるというわけだ。

そこで重要なカギになるのが、市場金利の動向だ。国債をはじめとする債券には、二つの市場、債券発行市場（一次市場）と債券流通市場（二次市場）とがある。発行市場とは、国債や社債などを国や会社が発行して資金を調達しようとする際に、その債券を買ってくれる市場、流通市場とは発行済みの債券の売り買いをする市場のことだ。中国の債券流通市場の規模は世界一。二〇一七年の取引量は五二兆元（約八八四兆円）という巨大さだ。

流通市場で、債券の売買をする際にカギになるのが市場金利だ。債券流通価格は、発行時の利回りよりも流通市場で売買するときの市場金利が高いか、低いかによって、安くなるか、高くなるか決まる。もし、売買時の市場金利が発行時の利回りより高ければ価格は下がり、低ければ、価格は高くなり、売れば儲かる。

普通の投資家は、このような市場金利の動向を見ながら売ったり買ったりするのだが、政府はそんなことには無頓着である。

政府は無頓着に儲けたり損をしたりしながら売買するのだが、これが市場の債券価格を左右する。さきほど説明したように、国が債券を買い入れれば市場に元があふれるので元の価値は下がり、債券を売れば市場の元が減るので元の価値は上がる。

同時に、それは市場の金利の動向にも影響を与える。元の価値が上がれば、金利も上がり、価値が下がれば金利も下がる。そして、それが債券市場の損得に影響する仕組みだ。

その結果、もし政府が大量の債券を買えば、元が市場に大量にあふれ、市場金利は下がり、それを利用して流通市場で債券を売った者は、もし、その金利が新規に発行された債券の利回りを下回れば、おおいに儲かる。政府の債券売買行動を知っている者は、儲かるという仕組みだ。債券流通市場の巨大な中国で、このような債券市場トリックが暗躍することができるのは、世界一の債券流通市場と政府による売買参加があるからだ。

一九　中国の減価償却制度のトリック

固定資産の耐用年数が短い

企業が固定資産を減価償却する理由は、生産活動によって減耗する資産価値の保全を金融手段で補い、生産活動の永続を担保するためだ。ここに税制上の恩典が介入する理由もある。

減価償却とは、固定資産にのみ当てはまる会計上の処理で、年月がたつごとに、固定資産の価値は減るが、その減った分を金額に換算して費用として計上し、一方で、その同額を買い替える際の資金にするために積み立てる処理のことをいう。

ここには固定資産の耐用年数という言葉が生まれる。耐用年数が五年という場合、その固定資産の価値は、五年後になくなるという意味だ。ただし、たとえば同じ機械でも国によって異なり、日本の場合、機械および装置の固定資産を五五区分に細分化して、耐用年数を定めている。

ところがこんな国もある。ほかならぬ、世界の工場とも呼ばれるほど、工場とその固定資産が多い中国だ。しかし、それほど多いにもかかわらず、中国の固定資産の種類の区分は三つしかない。しかも、耐用年数は日本と比べ短い傾向にある。また、固定資産に対する課税制度にも大きな違いがある。日中の減価償却制度は、あまりに異なっている。

一般に、資産には流動資産、固定資産の二つがある。流動資産には、原材料、水やガスなどの燃料、普通預金など金融流動資産がある。固定資産は工場、機械設備、トラック、バス、船舶、電車、飛行機、土地などがある。

このうち土地には耐用年数はないから、減価償却の対象にならないのが普通の考え方だ。だが農地など、土地改良や水利施設建設などが付いている場合、土地にも資本が生まれ、それは固定資産と同じような意味を持つようになる。土地合体資本である。ただし、中国ではこの点を減価償却に加えていない。

固定資産は価値が蓄積された資産という側面もあることから、まだ、価値が残っている固定資産を資本ストックと呼ぶ場合もある。固定資産の耐用年数が違えば、資本ストックがいくらあるかを測る場合、結果は異なる。というのは、耐用年数が違えば、もともと同じ価値があった資本ストックの価値は、次第に差が生まれるようになるからだ。

費用も増えるが預金も増える

たとえば、もともと一〇〇の価値の固定資産が三年後、日本ではその価値が九〇、中国では八〇などといったことが起こる。耐用年数が日本では長く、中国では短いとすると、日本では価値の減り方は遅く、中国では早いからだ。

耐用年数が短いと、いいことがあるかというと、あるのである。耐用年数が短いと、会計上の価値＝資産の減り方が大きいから、減った分を費用に計上することができる性質上、会社の費用計上が増えることになる。

費用が増えると、利潤は減るが、費用分を積み立てるので、現預金は増えるのだ。結局、減った資産は現預金に姿を変えるから、損も得もない。

固定資産は、会社や個人が、やっとの思いで築き上げたかけがえのない財産だ。しかも、一年や二年で消滅するものではなく、生涯にわたり、文句一ついわずに事業や生活を支えてくれる強い味方なのだ。これが増えれば増えるほど、企業は大きくなり、個人も安心感が膨らんで人生に余裕が出てくる。こうしたことが当てはまるのは、日本やアメリカ、韓国などにおいてで、中国ではかなり事情が異なっている。大きな差異は、中国では事業固定資産や個人所有の固定資産に、日本のような固定資産税がかかる税制はまだできていないことだ。

社会主義中国は貯め込むことよりも、使うことに価値を置いているということであろうか。資本ストックという考え方自体が弱い。

つまり、ストックよりもフローを重視する経済体制なのだ。日本では大きな課税対象の土地が、中国では耕地占用税を除いて、課税対象外であることは象徴的な違いだ。

耕地占用税とは、耕地を農業生産以外の用途で使う場合の税金。耕地に非農業用に使う建築物を建てる場合とか、池を作って魚やエビの養殖を行うような場合だ。

これは地方税で、地方政府によって一平方メートル二〇元（約三四〇円）とか四〇元（約六八〇円）を課税する。税収に占める割合は非常に小さい。中国全体の税制の中では、例外的な税金だ。

私有財産制度は、社会主義の理念からすればご法度ということはわかるのだが、いまの中国は日本と変わらないほど私有にこだわる社会だから、もっとストックに目を向けることが必要になっているのではないか。

広い意味のストックには、固定資産や債券、貯金などの長期の金融資産、金銀でできた装飾品なども含まれる。

前述したように中国の企業の数は現在、なんと一八〇〇万社以上もある。ちなみに日本は、四〇〇万社と少し。日中のGDPの差以上の開きがある。

この企業がどのくらいの固定資産を持っているとお思いだろうか？

政府が計測していないため、固定資産の正確な規模は不明だ。日本だと、企業の財務諸表などからその評価をすることができなくもないが、やはり正確なものはない。

また、日本の場合だと、企業は固定資産税を払わなければならない。固定資産の課税標準評価額に対して一・四％が普通である。だから、評価額が大変重要な意味を持つことになっている。

中国には、日本のような減価償却資産についての課税はなく、財産による取引の結果として生まれる収益に対して、すでにこの本で取り上げたが、一般の税、所得税や増値税などの流通税が適用される仕組みだ。

では、固定資産税がない中国で、減価償却制度はまったく意味がないのか？

短い耐用年数が投資を増やす

それは違う。固定資産の減価償却の前提となる耐用年数の長さが大きな問題になるのだ。一般に、耐用年数が短い中国では、高額な固定資産の更新需要の回転が速くなる。これを社会全体で見ると、固定資産投資が膨れやすい理由にもなる。

ここに、固定資産投資のトリックがある。

一八〇〇万社分の統計はないので、中国の政府統計から三億四〇〇〇万円以上の売上を持つ企業（中国ではこれを大規模企業と呼んでいる）三八万社を取り上げて固定資産の早期償却後の再投資がどのくらいに上るかを試算してみよう。

二〇一六年の三八万社全体の固定資産は約九九五兆円だ。仮に耐用年数の平均が日本より短い一〇年とすると、毎年約一〇〇兆円が償却され、同時に一〇〇兆円分の新規の固定資産投資が行われる勘定だ。実際の企業数は一八〇〇万社、三八万社の約四七倍もある。

残りの企業規模はこの三八万社ほど大きくないので、新規投資額を単純に四七倍するわけにはいかないが、これらの企業の毎年の新規投資額を大規模企業の一〇分の一としても、約四七〇兆円。企業全体では、毎年五七〇兆円という、巨額の新規の固定資産投資が生まれる勘定だ。

五七〇兆円という数字は、これだけで、日本の一年間のGDPを大きく上回る規模だ。中国の経済成長の原動力は固定資産投資であるが、その背景にはこうした目に見えないトリックもあったのだ。

二〇　庶民の味方の高利貸しトリック

高利貸しが繁盛

中国では家庭の負債残高や負債の相手、資金使途、借入の条件などについて詳細な現状を手に入れることはほとんどできない。そうした中、信頼されているほぼ唯一の調査資料として、四川省にある西南財経大学が毎年取り組んでいる「中国家庭金融調査」があり、最新の報告書は二〇一七年版である。ただし、調査時点がいつなのかは不明である。たぶん二〇一六年だろう。

この調査は、全国の家庭を対象にした調査で、統計学的な検定を経たものを公表しているので信用していいと思う。その一部を紹介しよう。

農村家庭の場合、平均の年収が二万七六〇六元（約四七万円）で、なんらかの貯蓄を持っている農家は半分の五五％にすぎない。住宅資金の負債平均額は一二万元（約二〇〇万円)、住宅資金の負債は、その他の負債を含む全体の三二%に相当する。

負債のうち、借入先が銀行である割合は農業経営資金で約六%、兼業の商工業資金で約一〇%。農家の七五%には、銀行からの借入金はない。それがない理由は、一般に、銀行は農家にはお金を貸さないからだ。

住宅資金の借入をしている者のうち、三〇~四〇歳は年収の一一倍もの借入をし、収入が少ない層の二五%は、年収の三二倍もの借入をしている。借入の大部分は、主には銀行以外から借りた住宅資金だ。銀行以外の借入先は、大部分が親兄弟、その他親族などの血縁関係の個人だ。さらには、高利貸しなどの高金利業者がその補完者だ。

金融サービスの長い歴史

中国という国は、さまざまな金融サービスを持つめずらしい国である。商取引の歴史が四〇〇〇年以上もあり、三〇〇〇年前には青銅貨、農耕で使うスキ、クワ、刀などの形をした貨幣が作られていた。

その後、秦の時代(紀元前二二一~紀元前二〇六)になると、「半両銭《はんりょうせん》」といわれる円形で、中央に方形の穴が開いた銅銭が現れた。当時の単位で半両という重さであったことから、そのように呼ばれるようになったといわれている。

その後、日本最初の銅銭である富本銭《ふほんせん》（七世紀頃）とか和同開珎《わどうかいちん》（八世紀初頭）の原型になったともいわれる開元通寳《かいげんつうほう》が流通するようになった。

内縁の夫婦、正規金融と不正規金融

現在の中国で、金融は、官制＝国が認めた正規金融（銀行、信用社など）、民間違法金融＝シャドーバンキングなどの非正規金融が活気のある事業を展開している。この二つは正規の結婚はしていないが、一緒に暮らす内縁の夫婦のような関係だ。

これらの金融制度のうち、最近、とくに事業高が伸びているのがネット金融で、各種の決済や資金融通などで注目を浴びている。まず、貸付プラットフォームのアプリをスマホにインストールし、小口金融業者がお金を貸したり、まったく見知らぬ個人から融通を受けたりするような例だ。

借りたい側は身分証番号、スマホの電話番号、銀行カード番号などを入力、個人のＩＤなどを提供すると、その場で、一〇〇〇元とか二〇〇〇元とかの小口のお金を借りることができる。借りるといっても現金ではなく、スマホの口座に金額が振り込まれるだけだ。ただし、現状では、こうした方法でお金を借りることができるのは、なぜか年齢が比較的若い層にかぎられている。

個人から借りる場合には、相談次第では高額を借りられる場合もあり、学生が多額のお金を借りて返済に困り、あらぬ方法で返済して社会問題になった例もあるようだ。

金利は一日当たり〇・三〜〇・五%、低いように見えるが、年利になおすと一〇〇%を超える高利だ。これでは借りた元本と同じ金額を利息として支払うことになるので、二倍返しと同じことだ。

また貸借の期間は通常三〇日、ほぼ元本について九%の利息を負担するのが一般的だ。一〇〇〇元借りると利息は九〇元、合わせて一〇九〇元の返済となる。彼らは自分のことをそうは呼ばないが、金利のレベルから判断するかぎりは立派な高利貸しだ。

広州のある会社が最近立ち上げたPPマネーというプラットフォームは、年利七%程度の利益を保証するとうたう投資をスマホを使って行うものだ。クルマを担保にして借りる相手をこのプラットフォームが公募し、貸す側の投資家がそれに乗るという仕組みだが、年利七%を保証するくらいは、そう難しいことではなさそうだ。

中国ではクレジットカードを持たない者を「白戸」、ブラックリストに載った者を「黒戸」（もう一つの意味は戸籍のない者）というが、彼らは通常の貸金プラットフォームからの借入はできないものの、ヤミの高利貸しからならば、貸りられる場合もある。その代わり、金利はさらに高く、通常の金利の二倍は下らないといわれている。

中国の高利貸しは、伝統的に悪辣で通っている。歌劇の白毛女《はくもうじょ》は高利貸しにいたぶられる中国革命期の農民とその娘の生命を描いたもので、悪人高利貸しと毛沢東の率いる人民解放軍との闘いが見せ場の勧善懲悪の物語である。

実際、農民や庶民には無縁の銀行融資にかわって、彼らが頼るべきは高利貸しである。現代の中国の金銭の貸し借りの際の金利は、年二四％が上限と定められている。銀行の基準貸付金利の四倍を超える金利で、制度上は、それ以上の金利は無効とされている。ただし貸借当事者の契約があれば年三六％までは有効とされている。

中国の農民や中小企業主、多くの都市住民は子弟の就学、娘の結婚、住宅の修繕や改築、思わぬ家族の病気や葬儀などの急な出費があると、貯えでは足りず、メンツもあって高利貸しの世話になることが少なくない。

江蘇省のある郷のこと、総人口二万三〇〇〇人、戸数五八〇〇戸。そのうちの三〇％の一七四〇戸は高利貸しの世話になったことがあるという（ややデータが古いが、二〇一二年一月三〇日中国青年报。いまでも様子はあまり変わらないらしい）。

農村では、顔役が主導権を握り、コスト無視の事業によって成り上がった者たちが急造の高利貸しとなる。また都会では、日本でいう質屋の看板を借りた悪徳業者や担保会社がその役目を果たしている。

客を装って北京の質屋へ行くと、質流れ品とは思えぬ新品の時計やネックレスなどを置くカギのかかったガラスケースを目にすることができる。それらは格好だけで、本商売は金貸しだ。意識して北京の街を歩くと、あるわあるわ、床屋の数以上に質屋が店を構えている。

「九出十三帰」という非人道

高利貸しもさらに悪徳になると、「九出十三帰」という手を使う。

これは借り手泣かせの正真正銘のトリックなのだが、借り手の立場はあらゆる不合理を受け入れざるを得ないのだ。これはいったいどういうトリックなのか？

図24をご覧になりながら読んでほしいのだが、「九出十三帰」というのは文字通り、借

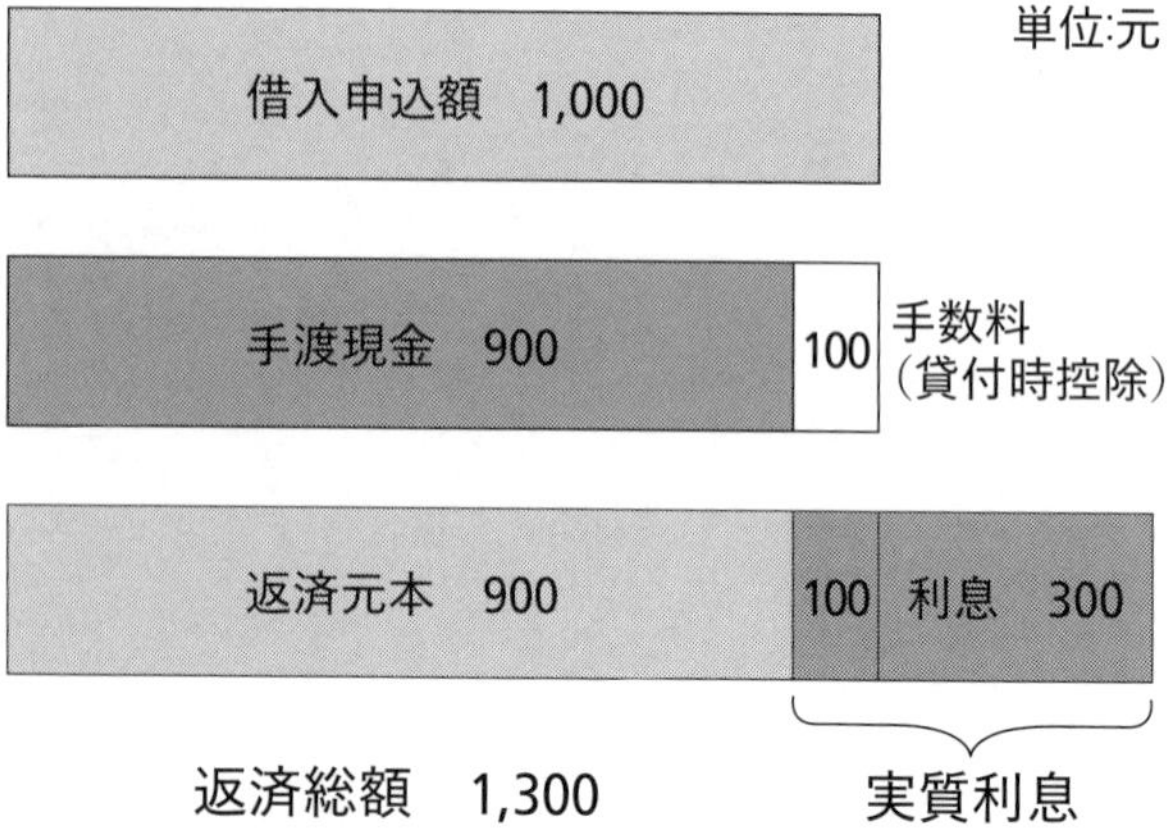

図24　九出十三帰の仕組み

り手が求める金額の一〇％を貸し手が手数料としてまずは控除して、借り手には九〇％を手渡す。借り手が求める金額ではなく、一〇％少ない金額なので、借り手は求める金額が手元に残るように、借りる金額の一〇％増しを借りるのが普通である。この段階で、本来は不要な借金が否応なく増える仕組みだ。

一〇％増しの借入をしなかった借り手を例にすると、たとえば一〇〇〇元を借りたとして借りた金額の九〇％を手にして帰宅した借り手は、その一月後には図の一番下の長方形が示すとおり、手渡されなかった一〇％分を含む金額を貸付元本とし、たとえば借りた金額が一〇〇〇元ならば、一〇〇〇元に対して計算された利息三〇〇元、合計一三〇〇元を強制的に返済させられる。

借り手から見ると、実際に借りた金額は一〇〇〇元ではなく九〇〇元なのに、一〇〇〇元借りたことにさせられ、借りてもいない一〇〇〇元に対して利息計算をするという、まったくひどいやり方だ。

借り手から見た利息は、年利率に換算すると、なんと五三三％という高利となる。ところが高利貸しの立場から見ると、利率は五三三％なんてとんでもない。貸した金額は手数料を含む一〇〇〇元で、利息は三〇〇元。だから年当たり利率は三六〇％となると認識するのだ。

とはいっても、三六〇％が低いと思うのは当の高利貸しだけで、とてつもなく高い利率であることに変わりはない。

高利貸しは、お金を貸す前に、お客に、こういったことだろう。

「うちの利息は年三六〇％、世間では普通の五三三％よりも、三割以上も安い」

ここまで来ると、もはや血も涙もない鬼と変わらない。

おわりに

この本で取り上げた二〇のトリック以外にも、載せたいものがいくつかあったが、紙幅の関係で割愛した。またトリックが潜む深層は、経済にかぎらず、さまざまな分野に見ることができる。政治、行政、人間関係、社会、文化、庶民の生活などの場面で。

トリックという目で見ると、いままで無意識のうちに見過ごしていたことに、本当は意味があったのだとか、別の手を打つべきだとか、気が付く場合もある。また、現実に、そうなると意図したわけでもないのに、成り行きの中であらぬ方向に行ってしまったとか、落とし穴に引っかかってしまった結果として生まれるトリックもある。

とくに中国の全体を見ていると、善意も悪意もないのに不思議な雰囲気に流され、あることがひとり歩きを始め、その成り行きが、ある人には善く、ある人には悪く反映されてしまうようなところがある。トリックなので、だれにも気付かれないまま進行する。

トリックは、そういう何ともいえないいい加減さ、ある意味での自由さや無節操さを土壊に、しかし、お上が繰り出した厳しい取り締まりや規則に乗じて生まれる場合がほとんどのように思う。だからというわけでもないが、人間がおもしろい動物であるかぎり、これがなくなることもなさそうだ。

最後になったが、この本とイースト・プレス社の懸け橋になっていただいた、市井の編集者、渡邊哲平氏に厚く御礼を申し上げたい。氏は編集者であるとともにライターとしても活躍されているが、いつも冷静なものの見方に教わるところが多い。

イースト・プレス社の高部哲男氏には、企画の段階から内容についてはもちろん、読者層や記述のトーンなどについての子細なアドバイスをいただいた。そして非常に丁寧な編集作業をしていただき、このような素晴らしい体裁の本に仕立て上げて下さった。ここに、厚く感謝申し上げたい。

二〇一八年八月

高橋五郎

参考文献一覧

中国国家統計局『中国統計年鑑』各年版
中国人民銀行「調査統計」http://www.pbc.gov.cn/
日本銀行「統計」http://www.boj.or.jp/statistics/index.htm/
F省監査局資料 http://www.fjaudit.gov.cn/sjgk.aspx（現在は削除されている）